Rudolf Steiner Taschenbücher
aus dem Gesamtwerk

Das Werk Rudolf Steiners, wie es in der «Rudolf Steiner Gesamtausgabe» vorliegt, ist gegliedert in die Abteilungen: *Schriften – Vorträge – Künstlerisches Werk.* Seine stets frei gehaltenen Vorträge, insgesamt mehrere tausend, waren ursprünglich als «mündliche, nicht zum Druck bestimmte Mitteilungen» gedacht. Die anfänglich ohne, später mit seinem Einverständnis entstandenen Nachschriften, vor allem von den für Mitglieder der Anthroposophischen Gesellschaft gehaltenen Vorträgen, waren zunächst nur als interne Manuskriptdrucke zugänglich, da Rudolf Steiner aus Zeitmangel die Texte, mit wenigen Ausnahmen, nicht selbst korrigieren konnte. Kurz vor seinem Tod hat er die Einschränkung «Nur für Mitglieder» aufgehoben; die von ihm gemachten *Urteils-Voraussetzungen* bleiben weiterhin gültig. – Heute sind die Vortragstexte nach den vorhandenen Unterlagen geprüft und weitgehend veröffentlicht. Dennoch können Hör- und Übertragungsfehler nicht völlig ausgeschlossen werden.

Rudolf Steiner

Der Jahreskreislauf als Atmungsvorgang der Erde und die vier großen Festeszeiten

Fünf Vorträge, gehalten in Dornach
vom 31. März bis 8. April 1923

Die Anthroposophie und das menschliche Gemüt

Vier Vorträge, gehalten in Wien
vom 27. September bis 1. Oktober 1923

RUDOLF STEINER VERLAG
DORNACH / SCHWEIZ

Nach vom Vortragenden nicht durchgesehenen Nachschriften
herausgegeben von der Rudolf Steiner-Nachlaßverwaltung

Ungekürzte Ausgabe nach dem gleichnamigen Band
der Rudolf Steiner Gesamtausgabe
herausgegeben von R. Friedenthal und E. Froböse
(Bibliographie-Nr. 223, ISBN 3-7274-2231-9)
7. Auflage, Dornach 1990

Taschenbuchausgabe
1.–7. Tsd. Dornach 1994

Bestell-Nr. tb 7190

Zeichen auf dem Umschlag und Titelblatt von Rudolf Steiner

Printed in Germany by Clausen & Bosse, Leck

ISBN 3-7274-7190-5

ZU DIESER AUSGABE

Ein bewußtes Miterleben des Jahreskreislaufes – wie sehr Rudolf Steiner dieses Thema am Herzen lag, zeigt die Fülle der Vorträge, die er darüber gehalten hat. Höhepunkte in diesem vom Jahre 1904–1924 gespannten Themenbogen sind wohl der im Jahr 1912 erstmals veröffentlichte und seither immer wieder neu aufgelegte «Seelenkalender», der den Menschen in der Beziehung zwischen innerem Seelenerleben und äußerem Naturgeschehen das Jahr hindurch Woche für Woche begleitet, und zum zweiten die Jahreszeitenvorträge des Jahres 1923 – zu denen auch die vorliegenden zählen –, in denen Rudolf Steiner in gewaltigen Bildern das kosmische Geschehen um die Jahresfeste herum darstellt.

In alter Zeit war das Leben der Menschen mit dem rhythmischen Geschehen des Jahreslaufes eng verknüpft. Diese Verknüpfung bestand auf einer instinktiv-träumerischen Ebene und war somit unfrei. Auf dem Wege der Entwicklung von Freiheit und individuellem Erleben mußte sich diese mehr instinktive Verbindung lösen. So hat sich die Menschheit «durch drei bis vier Jahrhunderte angewöhnt, alles Naturdasein und auch das Menschendasein nur mit intellektuellen, abstrakten Vorstellungen anzuschauen» (1. Oktober 1923). Nun aber gilt es, auf eine neue, durch und durch *bewußte* Weise *aus der individuellen Freiheit heraus* wiederum eine Beziehung zum kosmischen Geschehen zu finden. Denn: «wenn man verstehen wird, mit dem Jahreslauf zu denken, dann werden sich in die Gedanken diejenigen Kräfte mischen, welche den Menschen wiederum Zwiesprache werden halten lassen mit den göttlich-geistigen Kräften» (1. April 1923). Das wird Auswirkungen haben bis in Gebiete hinein, wo man sie zunächst nicht vermutet: «Um auf dem sozialen Gebiete mitreden zu können, dazu gehört ein volles Menschenherz. Aber das kann nicht da sein, wenn der Mensch nicht seine Beziehung zum Kosmos und namentlich zum geistigen Inhalt des Kosmos findet» (1. Oktober 1923).

Wie aber findet der heutige Mensch zu einem bewußten Miterleben der kosmischen Vorgänge? Einen Weg, auf welche Weise dies geschehen kann, zeigt Rudolf Steiner in den im vorliegenden Band versammelten Vorträgen auf: In den fünf ersten Vorträgen stellt er dar, wie der Jahreskreislauf im wesentlichen ein Atmungsvorgang der Erde ist und wie der Mensch sich bewußt in diesen Atmungsvorgang stellen kann – insbesondere durch eine neu ergriffene Gestaltung der vier großen Festeszeiten Weihnachten, Ostern, Johanni und Michaeli. Insbesondere das letztere, das Michaelifest, bedarf einer erneuerten Gestaltung. Den Umriß eines solchen «zukünftigen Michaelifestes» geben die vier letzten Vorträge des Bandes.

Martina Maria Sam

INHALT

DER JAHRESKREISLAUF ALS ATMUNGSVORGANG DER ERDE UND DIE VIER GROSSEN FESTESZEITEN

Der Jahreskreislauf als Atmungsvorgang der Erde und die vier großen Festeszeiten

RHYTHMUS → S. 49

Die Wiedergaben der Original-Wandtafelzeichnungen
Rudolf Steiners zu den Vorträgen in diesem Band
(vgl. die Randvermerke und den Text am Beginn der Hinweise)
sind innerhalb der Gesamtausgabe erschienen in der Reihe:
«Rudolf Steiner – Wandtafelzeichnungen zum Vortragswerk»
Band XII

ERSTER VORTRAG

Dornach, Karsamstag, 31. März 1923

In der Zeit, in welcher die großen Festtage des Jahres an unsere Seele herantreten, ist es gut, aus der Erkenntnis der geistigen Weltzusammenhänge sich immer wiederum den Sinn des Festjahres vor das Auge zu führen, und ich möchte das heute in der Weise tun, daß ich Ihnen darlege, wie aus der ganzen Konstitution der Erde heraus zu verstehen ist, was sich ja immerhin unter dem Einfluß geistiger Erkenntnisse als das Festesjahr im Laufe langer Zeiten festgelegt hat. Wir müssen nur, wenn wir in einem solchen Zusammenhange über die Erde und ihre Tatsachen sprechen, uns klar darüber sein, daß wir die Erde nicht auffassen dürfen als den bloßen Zusammenhang von Mineralien und Gesteinen, als der sie von der mineralogischen und geologischen Wissenschaft angesehen wird, sondern wir müssen die Erde als einen lebendigen, beseelten Organismus ansehen, der aus seinen inneren Kräften das Pflanzliche, das Tierische, das Physisch-Menschliche hervortreibt. So daß, wenn wir von einem gewissen Gesichtspunkte, wie wir es heute tun werden, von der Erde sprechen, wir die Gesamtheit alles Lebendigen, alles beseelt Körperlichen, das sich auf der Erde findet, zu dem Wesen der Erde hinzurechnen wollen, und dann trifft dasjenige zu, was ich jetzt auseinandersetzen werde.

Sie wissen ja, die Erde mit all den Wesenheiten, die zu ihr gehören – betrachten Sie nur die Pflanzendecke der Erde –, verändert im Laufe eines Jahres vollständig ihre Gestaltung, verändert alles das, womit sie gewissermaßen als mit ihrer Physiognomie hinausschaut in den Weltenraum. Jeweils nach einem Jahre ist die Erde wiederum ungefähr bei demselben Punkte angelangt, in welchem sie mit ihrem Aussehen vor einem Jahre stand. Sie brauchen ja nur daran zu denken, wie ungefähr alles in bezug auf die Witterungsverhältnisse, in bezug auf das Hervorkommen der Pflanzen, in bezug auf das Erscheinen tierischer Wesenheiten, wie in bezug auf all dieses die Erde an diesem Märzende 1923 ungefähr wiederum bei dem Punkte ihrer Entwickelung angelangt ist, an dem sie am Märzende des Jahres 1922 stand.

Wir wollen heute einmal diesen Kreislauf der Erde als eine Art großer Atmung betrachten, welche die Erde vollzieht gegenüber ihrer kosmischen Umgebung. Wir können noch andere Vorgänge, die an der Erde und um die Erde sich abspielen, als eine Art Atmungsvorgänge auffassen. Wir können auch von einer täglichen Atmung der Erde sprechen. Allein wir wollen heute einmal den Jahreslauf im großen wie einen mächtigen Atmungsprozeß der Erde ins Auge fassen, wobei allerdings nicht die Luft von der Erde aus- und eingeatmet wird, sondern diejenigen Kräfte, welche zum Beispiel in der Vegetation des Pflanzlichen wirken, die Kräfte, die im Frühling aus der Erde die Pflanzen heraustreiben, die im Herbst wiederum sich zurückziehen in die Erde, welk werden lassen die grünen Pflanzenbestandteile und endlich ablähmen das Pflanzenwachstum. Also wie gesagt, nicht eine Luftatmung ist es, von der wir sprechen, sondern die Atmung, die Ein- und Ausatmung von Kräften, von denen man eine Teilvorstellung gewinnen kann, wenn man auf das Pflanzenwachstum im Laufe eines Jahres sieht. Diesen Jahresatmungsprozeß der Erde wollen wir uns heute einmal vor die Seele führen.

Sehen wir hin zunächst auf die Zeit, in welcher die Erde sich in der sogenannten Wintersonnenwende befindet, im letzten Drittel des Dezember nach unserer heutigen Jahresrechnung. In dieser Zeit müssen wir in bezug auf diesen Atmungsvorgang die Erde so ansehen, wie wir den Menschen ansehen bei seiner Lungenatmung, wenn er eingeatmet hat, wenn er die Atemluft in sich hat und sie in sich verarbeitet, wenn er also den Atem in sich hält. So hat die Erde diejenigen Kräfte, in bezug auf die ich jetzt von Aus- und Einatmung spreche, in sich. Sie hält sie, diese Kräfte, mit dem Ende des Dezember. Und was da mit der Erde geschieht, kann ich Ihnen in der folgenden Weise schematisch
Tafel 1* aufzeichnen. Denken wir uns, das (siehe Schema Seite 13, rot) stellte die Erde vor. Wir können in bezug auf diese Atmung nur immer einen Teil der Erde betrachten. Wir betrachten denjenigen Teil, den wir selbst bewohnen; auf der entgegengesetzten Seite der Erde liegen die Bedingungen ja eben entgegengesetzt. Wir müssen uns die Atmung der Erde so vorstellen, daß an einem Orte der Erde Ausatmung ist,

* Zu den Tafeln siehe Seite 165.

am entgegengesetzten Einatmung, aber wir brauchen darauf heute keine Rücksicht zu nehmen.

Wir stellen uns vor die Dezemberzeit. Wir stellen uns vor das, was ich hier als Gelbes einzeichne, als eben der gehaltene Atem in unserer Gegend. Die Erde hat vollständig eingeatmet; sie hält die Kräfte, von

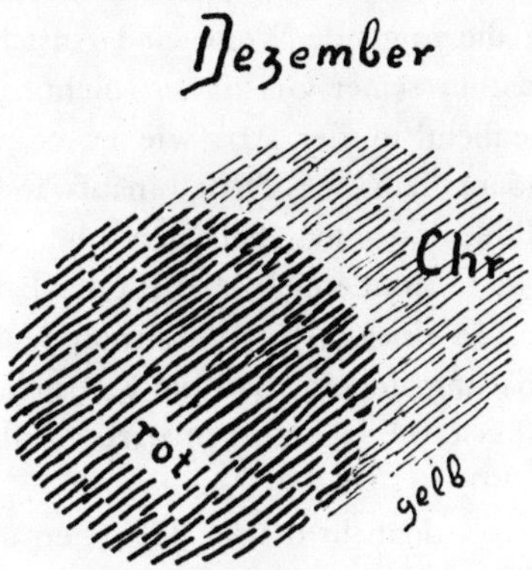

denen ich eben gesprochen habe, in sich zusammen. In diesem Augenblicke des Jahres ist die Erde so, daß man sagen kann, sie hält ihr Seelisches in sich. Sie hat ihr Seelisches ganz in sich gesogen, denn die Kräfte, von denen ich gesprochen habe, die sind das Seelische der Erde. Die Erde also hält mit Ende Dezember ihr Seelisches ganz in sich. Sie hat es ganz aufgesogen, so wie der Mensch, wenn er eingeatmet hat, die Luft ganz in sich hält. Das ist die Zeit, in welche mit Recht die Geburt Jesu gesetzt wird, weil da die Erde gewissermaßen im inneren Besitz ihrer gesamten Seelenkraft ist. Und indem Jesus geboren wird in diesem Zeitpunkte, wird er herausgeboren aus einer Erdenkraft, die alles Erdenseelische in sich trägt. Und einen tiefen Sinn haben in der Zeit des Mysteriums von Golgatha die Eingeweihten, die, ich möchte sagen, der alten Einweihung noch würdig waren, einen tiefen Sinn haben diese Eingeweihten verbunden mit der Anschauung, die sie ausgebildet haben von dem Fallen der Geburt Jesu in diesen Zeitpunkt der irdischen Einatmung, des irdischen Atemhaltens.

Diese Eingeweihten haben etwa das Folgende gesagt. Wenn man in alten Tagen, da unsere Einweihungsstätten gestanden haben innerhalb der chaldäischen, innerhalb der ägyptischen Kultur, von jener Wesenheit, die das Hohe Sonnenwesen darstellt, sprach und man wissen wollte, was dieses Hohe Sonnenwesen zu sagen hatte den irdischen Menschen, dann bildete man sich über diese Sprache des Hohen Sonnenwesens auf die folgende Weise eine Ansicht. Man beobachtete das Sonnenlicht in seiner Geistigkeit nicht direkt; man beobachtete das Sonnenlicht in der Art, wie es vom Monde zurückgestrahlt wird. Indem man den Blick hinaufwendete zum Monde, sah man mit Hilfe des alten hellseherischen Seelenblickes mit dem Heranfluten des Mondenlichtes die Offenbarung des Geistes des Weltenalls. Und in einer mehr äußerlichen Weise ergab sich der Sinn dieser Offenbarung, indem man die Konstellation des Mondes in bezug auf die Fixsternbilder und in bezug auf die Planeten beobachtete.

So beobachtete man denn in den chaldäischen und namentlich in den ägyptischen Mysterien zur nächtlichen Stunde den Stand der Sterne, namentlich in bezug auf das heranflutende Mondenlicht. Und geradeso wie der Mensch aus den Buchstaben, die er auf seinem Papierblatt hat, sich den Sinn desjenigen klar macht, was er lesen will, so schaute man hin, wie Widder, Stier zum flutenden Mondenlichte standen, wie Venus, wie die Sonne selber und so weiter, zum flutenden Mondenlichte standen. Und aus dem Verhältnis, wie die Sternbilder und Sterne zueinander standen, namentlich wie sie orientiert wurden durch das flutende Mondenlicht, las man ab, was der Himmel der Erde zu sagen hatte. Man brachte das in Worte. Und nach dem Sinne dessen, was da in Worte gebracht wurde, suchten die alten Eingeweihten. Sie suchten, was jenes Wesen, das später der Christus genannt wurde, dem irdischen Menschen zu sagen hatte. Auf das sahen jene alten Eingeweihten hin, was die Sterne im Verhältnisse zum Monde dem irdischen Leben sagen konnten.

Aber nun, als das Mysterium von Golgatha herannahte, da ging, möchte ich sagen, eine große geistig-seelische Metamorphose durch alles Mysterienwesen. Da sagten die Ältesten dieser Eingeweihten zu ihren Schülern: Jetzt kommt eine Zeit, wo fortan nicht mehr die Sternkonstellationen auf das flutende Mondenlicht bezogen werden dürfen – das Weltenall spricht anders zu den irdischen Menschen in der Zukunft –, es muß das Licht der Sonne direkt beobachtet werden. Wir müssen herüberwenden die geistigen Erkennerblicke von den Offenbarungen des Mondes zu den Offenbarungen der Sonne.

Was dazumal zuerst in den Mysterien Lehre wurde, das machte einen gewaltigen Eindruck auf diejenigen Menschen, die noch zu den Eingeweihten eben der älteren Zeiten in der Epoche des Mysteriums von Golgatha zählten. Und von diesem Gesichtspunkte aus beurteilten diese Eingeweihten das Mysterium von Golgatha. Aber sie sagten: Es muß etwas in das Erdengeschehen hereinfallen, was diesen Übergang von dem Mondenhaften zu dem Sonnenhaften bewirken kann. – Und so kamen sie auf die kosmische Bedeutung der Geburt Jesu. Die Geburt Jesu sahen sie an als etwas, was von der Erde aus den Impuls gab, fortan nicht mehr den Mond zum universalen Regenten der Himmelserscheinungen zu machen, sondern die Sonne selber. Aber das Ereignis, das da hineinfällt, das muß besonderer Art sein – so sagten sie sich. Und diese besondere Art ergab sich ihnen durch das Folgende. Sie fingen an zu verstehen den inneren Sinn dieses Erdengeschehens im letzten Drittel des Dezember. Sie fingen an zu verstehen den Sinn des Erdengeschehens zu der Zeit, die wir jetzt die Weihnachtszeit nennen. Sie sagten sich: Auf die Sonne muß alles bezogen werden. Aber die Sonne kann auf die Erde nur Gewalt ausüben, wenn die Erde ihre Kräfte ausgeatmet hat. Zur Weihnachtszeit hat sie sie eingeatmet, hält sie den Atem in sich. Wird da der Jesus geboren, so wird er zu einer Zeit geboren, in der die Erde gewissermaßen nicht spricht mit den Himmeln, in der die Erde mit ihrem Wesen ganz in sich selber zurückgezogen ist. Da wird der Jesus in einer Zeit geboren, in der die Erde einsam durch den kosmischen Raum hinrollt, ohne ihren Atemzug hinauszusenden, so daß dieser Atemzug durchwellt werden könnte von der Sonnenkraft, von dem Sonnenlichte. Die Erde hat gewissermaßen ihr Seelisches in dieser Zeit nicht dargeboten dem Kosmos; sie hat ihr Seelisches in sich zurückgezogen, sie hat es in sich aufgesogen. Der Jesus wird in einer Zeit auf der Erde geboren, in der die Erde allein ist mit sich gegenüber dem Kosmos. – Fühlen Sie dieses, ich möchte sagen, kosmische Empfinden, das einer derartigen Berechnung zugrunde liegt!

Verfolgen wir jetzt die Erde weiter im Jahreslauf. Verfolgen wir die Erde bis in die Zeit, in der wir eben jetzt stehen. Verfolgen wir die Erde ungefähr bis zu der Zeit der Frühlingssonnenwende, bis zum Ende des März. Da müssen wir schematisch die Sache so zeichnen:
Tafel 1 Die Erde (siehe Schema Seite 17, rot) hat eben ausgeatmet; die Seele ist noch halb in der Erde, aber die Erde hat die Seele ausgeatmet, die flutenden Seelenkräfte der Erde ergießen sich in den Kosmos hinaus. Ist nun die Kraft des Christus-Impulses seit dem Dezember innig mit der Erde verbunden, mit dem Seelischen der Erde, dann finden wir jetzt, wie dieser Christus-Impuls mit dem hinausflutenden Seelischen die Erde zu umstrahlen beginnt (Pfeile). Dem, was da als durchchristetes Erdenseelisches in den geistigen kosmischen Raum hinausströmt, dem muß aber jetzt begegnen die Kraft des Sonnenlichtes selber. Und die Vorstellung entsteht: Jetzt beginnt der Christus, der sich mit der Erde seelisch im Dezember zurückgezogen hat in das Erdeninnere, um isoliert zu sein von den kosmischen Einflüssen, mit der Ausatmung der Erde selber seine Kräfte hinausatmen zu lassen, sie hinzureichen zum Empfange des Sonnenhaften, das ihm entgegenstrahlt. Und wir erlangen eine richtige schematische Zeichnung, wenn wir nun das Sonnenhafte als dasjenige, was sich mit der von der Erde ausstrahlenden Christus-Kraft vereinigt, also zeichnen (gelb):

Der Christus beginnt mit dem Sonnenhaften zusammenzuwirken zur Osterzeit. Die Osterzeit fällt daher in die Zeit der Ausatmung der Erde. Aber es darf dasjenige, was da geschieht, nicht bezogen werden auf das zurückflutende Mondenlicht, sondern auf das Sonnenhafte.

Dem entstammt die Festlegung der Osterzeit am ersten Sonntag nach dem Frühlingsvollmonde, nach dem Vollmonde, der nach der Frühlingssonnenwende kommt. Und der Mensch müßte, solches empfindend, gegenüber der Osterzeit sagen: Habe ich mich mit der Kraft des Christus vereinigt, so flutet auch meine Seele mit der Ausatmungskraft der Erdenseele hinaus in die kosmischen Weiten und empfängt die Sonnenkraft, die der Christus von der Erde jetzt ebenso zuführt den Menschenseelen, wie er sie vor dem Mysterium von Golgatha diesen Menschenseelen vom Kosmos herein zugeführt hat.

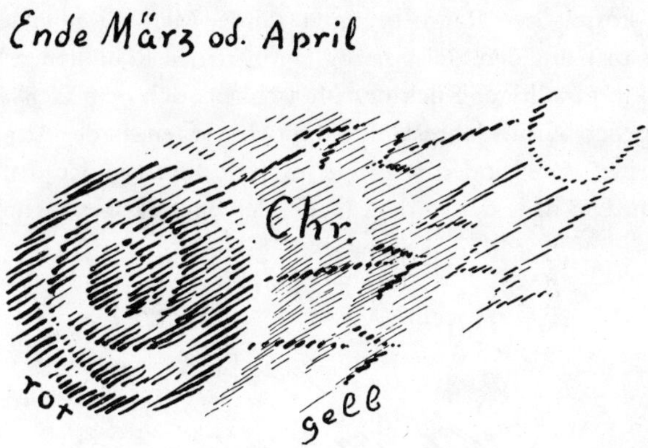

Damit tritt aber noch etwas anderes ein. Wenn in denjenigen Zeiten, in denen das Wichtigste auf der Erde auf das flutende Mondenlicht bezogen wurde, Feste festgesetzt wurden, dann wurden sie rein festgesetzt nach dem, was man im Raume beobachten konnte: wie der Mond stand zu den Sternen. Man entzifferte den Sinn, den der Logos in den Raum hineingeschrieben hatte, um Feste festzusetzen. Wenn Sie sich die Festsetzung des Osterfestes, wie wir es jetzt haben, ansehen, so werden Sie sehen, die Raumesfestsetzung geht bis zu einem gewissen Punkte, bis zu dem Punkte, an dem man sagen kann: Es ist der Vollmond nach Frühlingsbeginn. – Bis daher alles raumhaft. Jetzt aber fällt man aus dem Raum heraus: Sonntag nach dem Frühlingsvollmond, Sonntag, wie er nicht räumlich festgesetzt wird, wie er im Zyklus des Jahreskreislaufes festgesetzt wird, wie sich im Zyklus der Wochentage immer folgen Saturntag, Sonntag, Montag, Dienstag, Mittwoch, Donnerstag, Freitag, Saturntag und so weiter, immer im Kreislauf. Jetzt tritt man aus dem Raum heraus, indem man von der räumlichen Festsetzung der Mondenkonstellation zu dem reinen zeitlichen Verlaufe im Jahreszyklus der Sonntage übergeht.

Das war das weitere, das man in den alten Mysterien empfunden hat: daß die alten Feststellungen also auf den kosmischen Raum bezogen wurden und daß man mit dem Mysterium von Golgatha herausging aus dem kosmischen Raum in die Zeit, die selber nicht mehr auf den kosmischen Raum bezogen wurde. Man riß gewissermaßen das, was man auf den Geist bezog, vom reinen Räumlichen hinweg. Es war ein gewaltiger Ruck der Menschheit nach dem Geiste.

Und gehen wir im Jahreslauf, ich möchte sagen, in der Atmung der Erde weiter, dann finden wir, wie im Juni die Erde den dritten Zustand hat. Die Erde hat an dem Fleck, den wir jetzt beobachten, ganz

Tafel 1

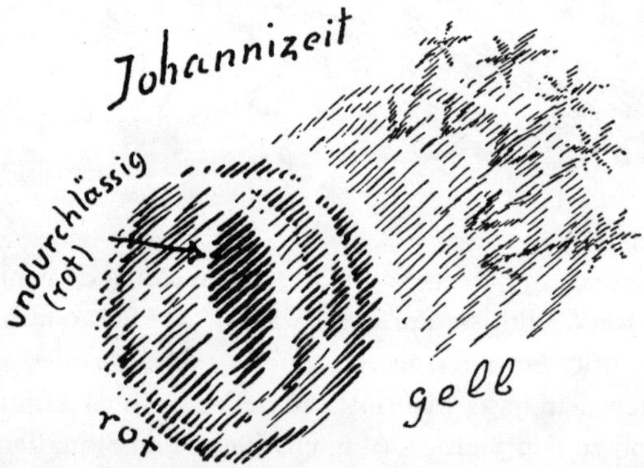

ausgeatmet. Das ganze Seelenhafte der Erde ist in den kosmischen Raum hinaus ergossen, das ganze Seelische der Erde ist dem kosmischen Raum hingegeben. Das Seelenhafte der Erde durchtränkt sich mit der Kraft der Sonne, mit der Kraft der Sterne. Der Christus, der mit diesem Seelenhaften der Erde verbunden ist, vereinigt auch seine Kraft mit der Sternenkraft und der Sonnenkraft, die da fluten in dem an das kosmische All hingegebenen Seelenhaften der Erde. Es ist Johanni, es ist Johannizeit. Die Erde hat voll ausgeatmet. Die Erde zeigt in ihrer äußeren Physiognomie, mit der sie hinausblickt zum Weltenall, nicht ihre eigene Kraft, wie sie sie in sich zeigte zur Wintersonnenwende, die Erde zeigt auf der Oberfläche die rückstrahlende Kraft der Sterne, der Sonne, alles dessen, was kosmisch außer ihr ist.

Die alten Eingeweihten haben besonders lebhaft, namentlich in den nördlichen Gegenden Europas, den inneren Sinn und Geist dieser Zeit, unserer Junizeit, gefühlt. Sie haben ihre eigene Seele mit der Erdenseele in dieser Zeit hingegeben gefühlt den kosmischen Weiten. Sie haben sich lebend gefühlt nicht innerhalb des Irdischen, sondern in den kosmischen Weiten. Und vor allen Dingen haben sie sich etwa das Folgende gesagt: Wir leben mit unserer Seele in den kosmischen Weiten. Wir leben mit der Sonne, wir leben mit den Sternen. Und wenn wir den Blick zurückwenden auf die Erde, die sich erfüllt hat mit sprießenden, sprossenden Pflanzen, die alles mögliche an Tieren hervorgebracht hat, dann sehen wir in den sprießenden, sprossenden Pflanzen, in den farbenentfaltenden, farberglitzernden Blumen, sehen in den hin und her sich bewegenden Insekten, in den die Luft durchmessenden Vögeln mit ihren mannigfaltigen farbigen Federdecken wiederum von der Erde wie spiegelnd zurückglänzen dasjenige, was wir in die Seele aufnehmen, wenn wir gerade die Erde verlassen und uns mit dem hinausflutenden Atem der Erde verbinden, um kosmisch, nicht irdisch zu leben. Aber was sich da tausendfältig farbig, sprießend, sprossend, von der Erde hinauswachsend zeigt in den Weltenraum, das ist von derselben Art. Nur ist es eben die Reflexion, die rückstrahlende Kraft, während wir die direkte Kraft in unseren Menschenseelen tragen. – Das war das Sich-Fühlen derjenigen Menschen, die inspiriert waren von den Einweihungsstätten, welche insbesondere das Sommersonnenwendefest verstanden. So sehen wir hineingestellt das Johannifest in den großen Atemzug des Irdischen gegenüber dem Kosmos.

Verfolgen wir diesen Atemzug noch weiter, so kommen wir end- Tafel 1
lich zu jenem Stadium, das Ende September eintritt. Die ausgeatmeten Kräfte beginnen wiederum sich zurückzubewegen, die Erde beginnt wiederum einzuatmen. Die Erdenseele, welche hinausergossen war in den Kosmos, zieht sich wiederum in das Innere der Erde zurück. Die Menschenseelen nehmen in ihrem Unterbewußten oder in ihren hellseherischen Impressionen dieses Einatmen des Erdenseelenhaften als Vorgänge ihrer eigenen Seele wahr. Die Menschen, die inspiriert waren von der Einweihungserkenntnis über solche Dinge, sie konnten

sich Ende September dann sagen: Was uns der Kosmos gegeben hat und was mit unserer eigenen Seelenkraft durch den Christus-Impuls sich verbunden hat, das lassen wir wiederum zurückfluten in das Irdische, in jenes Irdische, das den ganzen Sommer hindurch nur der Reflexion gedient hat, das also wie ein Spiegel sich verhalten hat gegenüber dem Kosmos, dem außerirdischen Kosmos.

Ein Spiegel verhält sich aber so, daß er nichts von dem hindurchläßt, was vor ihm ist. Weil die Erde ein Spiegel des Kosmischen im Sommer ist, ist sie gewissermaßen auch in ihrem Inneren undurchsichtig, undurchlässig für das Kosmische, undurchlässig deshalb für den Christus-Impuls während der Sommerzeit. Da muß der Christus-Impuls gewissermaßen in der Ausatmung leben; die Erde erweist sich selber als undurchlässig für den Christus-Impuls. Die ahrimanischen Kräfte setzen sich fest in dieser für den Christus-Impuls undurchlässigen Erde. Und wenn der Mensch wiederum zurückkehrt mit den durch die Ausatmung der Erdenkräfte in die eigene Seele aufgenommenen Kräften, auch mit den Christus-Kräften, so taucht er unter in die ahrimanisierte Erde. Da aber ist es so, daß im jetzigen Zeitlauf der Erdenentwickelung, seit dem letzten Drittel des 19. Jahrhunderts, aus Geisteshöhen der untertauchenden Menschenseele zu Hilfe kommt die Kraft des Michael, die bei diesem Rückfluten der Erdenatmung in die Erde selbst hinein den Drachen Ahriman bekämpft.

Das haben wie prophetisch vorausgesehen diejenigen, die auch schon in den alten Mysterien den Jahreslauf geistig verstanden haben. Sie wußten, daß für ihre Zeit noch nicht dieses Geheimnis herangekommen war: daß die Kraft des Michael der untertauchenden Menschenseele zu Hilfe kommt. Aber sie wußten, daß, wie die Seelen immer wieder geboren werden, wenn diese Michael-Kraft eintritt, diese Michael-Kraft zu Hilfe kommt den Erdenmenschenseelen. In diesem Sinne haben sie den Jahreskreislauf angesehen. Sie finden daher im Kalender aus alter Weisheit eingeschrieben auf den 29. September, einige Tage nach der Herbst-Tagundnachtgleiche, den Michaeltag. Und Michaeli ist gerade für die einfachen Leute auf dem Lande eine außerordentlich wichtige Zeit.

Aber Michaeli ist durch seine Einstellung in den Jahreskreislauf auch für diejenigen eine wichtige Jahreszeit, welche den ganzen Sinn unserer gegenwärtigen Erdenepoche zu verstehen vermögen. Muß man doch, wenn man mit dem richtigen Bewußtsein sich in die gegenwärtige Zeit hereinstellen will, verstehen, wie in dem letzten Drittel des 19. Jahrhunderts die Michael-Kraft in der Art, wie das eben für unsere Zeit sein muß, den Kampf mit dem Drachen, den Kampf mit den ahrimanischen Mächten aufnimmt. Muß man sich doch selber einfügen in den Sinn der Erden- und Menschheitsentwickelung, indem man mit dem eigenen Bewußtsein in der rechten Weise an diesem kosmisch-geistigen Kampfe teilnimmt.

Bisher ist der Michaeltag ein Bauernfeiertag. Sie wissen, was ich für einen Sinn damit verbinde: ein Feiertag der einfachen Menschen. Er ist dazu berufen, aus dem Einsehen des ganzen Sinnes des irdisch-kosmischen Jahresatemzuges immer mehr und mehr das Ergänzungsfest für das Osterfest zu bilden. Denn so wird die Menschheit, die wiederum das Erdenleben auch im geistigen Sinne verstehen wird, einmal denken müssen.

Während die Sommerausatmung geschah, ist die Erde ahrimanisiert. Wehe, wenn in diese ahrimanisierte Erde die Geburt Jesu hineinfiele! Bevor wiederum der Kreislauf vollendet ist und der Dezember herankommt, der den Christus-Impuls in der durchseelten Erde geboren werden läßt, muß die Erde durch geistige Kräfte gereinigt sein von dem Drachen, von den ahrimanischen Kräften. Und vereinigen muß sich die Michael-Kraft mit dem, was hineinflutet als Erdenatmung von der Septemberzeit an bis in die Dezemberzeit, vereinigen muß sich damit die reinigende, die das böse Ahrimanische besiegende Michael-Kraft, damit in der richtigen Weise das Weihnachtsfest herankommen und in der richtigen Weise sich die Geburt des Christus-Impulses vollziehen kann, der dann weiter reift bis zu dem Beginn der Ausatmung, bis zu der Osterzeit.

So sehen wir, daß man sagen kann: Zur Weihnachtszeit hat die Erde ihr Seelisches in sich aufgenommen, hat die Erde ihr Seelisches in dem großen Jahresatemzug in sich aufgenommen. Der Christus-Impuls wird in dem von der Erde aufgenommenen Erdenseelischen im Innern der Erde geboren. Er flutet hinaus in das Kosmische mit dem Ausatmen der Erde gegen die Frühlingszeit hin. Er wird dessen ansichtig, was sternenhaft ist, und tritt mit ihm in Wechselwirkung, aber so, daß er nicht mehr räumlich bloß in Beziehung tritt, sondern zeitlich, so daß das Zeitliche aus dem Räumlichen herausgenommen ist.

Ostern ist am ersten Sonntag nach dem Frühlingsvollmond. Der Mensch erhebt sich mit seinem Seelischen innerhalb der Vollausatmung hinaus in das Kosmische, durchtränkt und durchdringt sich mit dem Sternenhaften, nimmt den Atem der Welt mit dem Erdenatem selber auf, durchdringt sich mit dem Österlichen. Und mit dem, womit er begonnen hat sich zu durchdringen seit der Osterzeit, steht er am stärksten drinnen zur Johannizeit, muß dann zurückkehren mit der Erdenseele und zugleich mit seinem eigenen Seelenhaften in die Erde, ist aber angewiesen darauf, daß Michael ihm zur Seite steht, damit er in der richtigen Weise eindringen kann in das Irdische nach Besiegung des Ahrimanischen durch die Michael-Kräfte.

Immer mehr und mehr zieht sich das Seelische der Erde mit der eingezogenen Atemkraft in das Irdische selber zurück, bis die Weihnachtszeit da ist, und in der richtigen Weise feiert dann die Weihnachtszeit derjenige heute, welcher sich sagt: Michael hat die Erde gereinigt, damit zur Weihnachtszeit in der richtigen Weise die Geburt des Christus-Impulses stattfinden kann. – Dann findet wiederum das Hinausfluten in das Kosmische statt. Da nimmt Christus bei dem

Hinausfluten den Michael mit, damit Michael diejenigen Kräfte, die er verbraucht hat bei seinem Kampfe gegen das Irdisch-Ahrimanische, aus dem Kosmischen sich wiederum aneignen kann. Mit dem Österlichen beginnt auch Michael wiederum in das Kosmische sich zu versenken, durchwebt sich mit dem Kosmischen am stärksten in der Johannizeit. Und ein Mensch, der im rechten Sinne in der Gegenwart erfaßt, was ihn verbindet als Menschen mit dem Irdischen, der sagt sich: Es beginnt für uns das Zeitalter, in dem wir den Christus-Impuls richtig sehen, wenn wir ihn im Jahreskreislauf von der Kraft des Michael in der richtigen Weise begleitet wissen, wenn wir gewissermaßen sehen den Christus ziehen, flutend ins Irdische und hinauf in das Kosmische, begleitet in der entsprechenden Weise von dem in der Erde kämpfenden Michael, von dem in den Weltenweiten die Kampfeskraft sich erobernden Michael (siehe Lemniskate).

Tafel 2

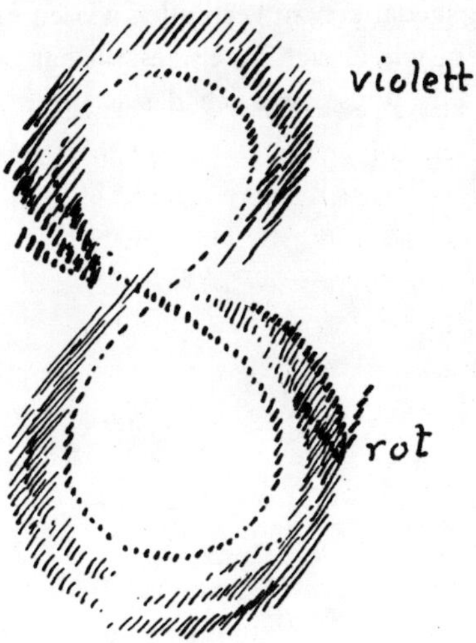

So wird auch der Ostergedanke im richtigen Sinne unserer Zeit dann erfaßt werden, wenn der Mensch versteht, zu jenem allergrandiosesten Bilde, das hineingestellt ist, Aufklärung bringend in das Erdendasein, zu dem Bilde des aus dem Grabe erstehenden, den

Tod besiegenden Christus heute hinzuzufügen die Wesenheit des Michael, zur Rechten des Christus Jesus, beim Durchwirken der Erdenatemkraft mit Christus-Kraft während eines Jahreskreislaufes in der Erdenatmung.

Versteht man so zu jeder der vier großen Festeszeiten des Jahres, also auch zur Osterzeit, den Christus-Gedanken in sich lebendig zu machen, so macht man ihn heute in dem Sinne lebendig, wie er lebendig werden muß, wenn man sich als Erdenmensch ihn richtig in seine Gegenwart mit vollem Verständnis hereinzustellen vermag. Die Hoffnung auf das Kommen der Michael-Kraft im Dienste der Christus-Kraft beseelte diejenigen, die in der richtigen Weise den Christus-Impuls bis in unsere Zeit herein verstanden.

Die Verpflichtung, im Sinne des Michael-Gedankens sich mit dem Christus-Impuls zu durchdringen, erwächst uns insbesondere für die heutige Zeit. Wir durchdringen uns in der richtigen Weise, wenn wir den Auferstehungsgedanken zu verbinden wissen mit dem wirksamen Michael-Gedanken, wie er sich hereingestellt hat in die Menschheitsentwickelung in der Weise, wie ich das ja öfter auseinandergesetzt habe.

ZWEITER VORTRAG

Dornach, Ostersonntag, 1. April 1923

Ich habe gestern versucht, aus dem Esoterischen des Ostergedankens heraus Ihnen zu sprechen davon, wie eine Art Anknüpfung an den Naturlauf von seiten des geistig Durchdrungenen dadurch wird geschehen müssen, daß aufgenommen werde gewissermaßen eine Herbstesfeier in die Jahresfeste, eine Herbstesfeier als eine Art Michael-Fest, welches in die Herbstsonnenwende ungefähr so hineinfallen müßte, wie das Weihnachtsfest in die Wintersonnenwende, das Osterfest in die Frühlingssonnenwende, das Johannifest in die Sommersonnenwende.

Heute möchte ich versuchen, diesen dem heutigen Zeitalter angemessenen Ostergedanken mehr nach seinem Gefühlsgehalt näher auszuführen, um Ihnen dann morgen die ganze Bedeutung gerade einer solchen Betrachtung darzulegen.

Wenn wir heute das Osterfest feiern und um uns blicken in das Bewußtsein der zeitgenössischen Menschheit, dann müssen wir uns doch, wenn wir ehrlich mit unserem eigenen menschlichen Inneren sind, gestehen, wie wenig wahr heute für einen großen Teil der Menschheit der Ostergedanke eigentlich ist. Denn wovon hängt die Wahrheit des Ostergedankens ab? Diese Wahrheit hängt doch davon ab, wie der Mensch eine Vorstellung damit verknüpfen kann, daß die Christus-Wesenheit durch den Tod gegangen ist, den Tod besiegt hat, durch die Auferstehung gegangen ist und nach dem Erleiden des Todes, nach der erfolgten Auferstehung, sich zunächst mit der Menschheit so verbunden hat, daß sie noch Offenbarungen geben konnte denjenigen, welche vorher die Apostel, die Jünger waren.

Aber der Auferstehungsgedanke ist ja immer mehr und mehr abgeblaßt. Er war so lebendig in der ersten Entstehungszeit des Christentums, daß uns aus dieser Epoche die Paulus-Worte herüberklingen: «Und wäre der Christus nicht auferstanden, so wäre euer Glaube eitel!» Paulus hat geradezu das Christentum geknüpft an den Ostergedanken, das heißt an den Gedanken der Auferstehung. Für diejenigen Menschen, welche die Bildung der heutigen Zeit aufgenommen haben, ist ja die Auferstehung etwas, was man ein Wunder nennt, und wird als Wunder aus dem Bereich dessen, was Wirklichkeit ist, Wirklichkeit sein kann, hinausverwiesen, so daß für alle diejenigen, für welche der Auferstehungsgedanke nicht mehr zu durchdringen ist, das Osterfest eigentlich nur einer alten Gewohnheit entspricht, wie auch die übrigen christlichen Feste.

Nun, wir haben das ja von den verschiedensten Gesichtspunkten im Laufe der Jahre erwähnt. Es wird erst wiederum notwendig sein, daß eine Erkenntnis der geistigen Welt als solcher an die Menschheit herankommt, um Ereignisse, die nicht in den Bereich der sinnlichen Wirklichkeit gehören, zu verstehen. Und als eine solche Tatsache wird angesehen werden müssen dasjenige, was mit dem Auferstehungsgedanken verknüpft ist. Dann wird auch wiederum der Ostergedanke wirklich lebendig werden können. Für ein Menschengeschlecht, das die Auferstehung in den Bereich der unwirklichen Wunder versetzt, kann der Ostergedanke nichts Lebendiges sein. Dieser Ostergedanke ist ja entstanden in derjenigen Epoche der Menschheit, in welcher noch Reste des alten ursprünglichen menschlichen Erkennens der geistigen Welt vorhanden waren.

Wir wissen, daß im Ausgangspunkt der menschlichen Erdenentwickelung die Menschen gewissermaßen eine instinktive Hellsichtigkeit gehabt haben, durch die sie in die geistige Welt Einblicke gewinnen konnten, durch die sie die geistige Welt so betrachteten, daß sie ihnen der physisch-sinnlichen Welt ebenbürtig war. Diese instinktive ursprüngliche Hellsichtigkeit ist der Erdenmenschheit abhanden gekommen. Sie war etwa in den ersten drei Jahrhunderten der christlichen Entwickelung wenigstens in ihren letzten Resten noch vorhanden. Daher konnte noch in diesen ersten Jahrhunderten ein gewisses, auf alte menschliche Einsichten begründetes Verstehen des Ostergedankens Platz greifen. Ein solches Verstehen wurde abgelähmt im 4. Jahrhundert, wo sich vorbereitete, was ja dann im vollsten Maße aufgetreten ist seit dem ersten Drittel des 15. Jahrhunderts: das Leben der Menschen in den abstrakten toten Gedanken, wie wir das des öfteren erörtert haben. In diesen abstrakten Gedanken, in denen die Naturwissenschaft groß werden konnte, mußte auch der Ostergedanke zunächst ersterben.

Heute ist die Zeit gekommen, wo dieser Ostergedanke wiederum als ein lebendiger Gedanke erwachen muß. Aber er muß, um zu erwachen, eben aus dem Zustande des Todes in den Zustand der Lebendigkeit übergehen. Das Lebendige ist dadurch charakterisiert, daß es anderes Lebendiges aus sich hervortreibt. Als der Ostergedanke in den ersten christlichen Jahrhunderten in der Christenheit sich ausbreitete, da waren die Gemüter noch empfänglich genug, um innerlich Gewaltiges zu erleben im Anblick des Grabes Christi und im Anblick der aus dem Grabe ersteigenden, nunmehr mit der Menschheit verbundenen Wesenheit. Die Gemüter konnten innerlich kräftig erleben, was sie in diesem gewaltigen Bilde sich vor die Seele hingestellt fanden. Und dieses innerliche Erleben war eine Realität im menschlichen Seelenleben. Nur das ist eine Realität im menschlichen Seelenleben, was diese menschliche Seele wirklich in einer Weise ergreift, wie sonst die sinnliche Außenwelt eben die Sinne ergreift. Die Menschen fühlten sich anders geworden dadurch, daß sie das Ereignis des Todes und der Auferstehung Christi anschauten. Sie fühlten sich seelisch durch diese Anschauung so verwandelt, wie sich sonst der Mensch durch physische Ereignisse im Laufe seines Lebens auf der Erde verändert fühlt.

Der Mensch wird verwandelt um das siebente Jahr herum durch den Zahnwechsel, der Mensch wird verwandelt um das vierzehnte, fünfzehnte Jahr herum durch die Geschlechtsreife. Das sind leibliche Verwandlungen. In der Anschauung des Ostergedankens fühlten sich die ersten Christen innerlich-seelisch verwandelt. Sie fühlten sich dadurch also aus einem gewissen Stadium des Menschseins herausgehoben und in ein anderes Stadium versetzt.

Diese Kraft, diese Gewalt hat der Ostergedanke im Laufe der Zeit verloren. Und er kann sie nur wiederum gewinnen, wenn das, was ja nach Naturgesetzen nicht eingesehen werden kann, die Auferstehung, innerhalb einer geistigen Wissenschaft, einer das Geistige begreifenden Wissenschaft wiederum eine Realität gewinnt. Aber eine Realität wird für das, was geistig erfaßt wird, nur gewonnen, wenn dieses Geistige nicht bloß in abstrakten Gedanken erfaßt wird, sondern wenn es im lebendigen Zusammenhange mit der auch vor die Sinne tretenden Welt begriffen wird.

Wer das Geistige nur in seiner Abstraktion festhalten will, wer zum Beispiel sagt, man soll das Geistige nicht hinunterziehen in die physisch-sinnliche Welt, der sollte nur gleich auch von dem Gedanken ausgehen, daß die göttliche Wesenheit verunziert werde, wenn man vorstellt, daß sie die Welt erschaffen habe. Das Göttliche wird ja doch nur dann in seiner Größe und Gewalt begriffen, wenn man es nicht hinausversetzt über das Sinnliche, sondern wenn man ihm die Kraft zuschreibt, in diesem Sinnlichen zu wirken, dieses Sinnliche schöpferisch zu durchdringen. Es ist eine Herabwürdigung des Göttlichen, wenn man dieses Göttliche gewissermaßen bloß in abstrakte Höhen, in ein Wolkenkuckucksheim hinausversetzen will. Und so wird man niemals in geistigen Realitäten leben, wenn man das Geistige nur in seiner Abstraktheit erfaßt, wenn man es nicht mit dem ganzen Weltenlaufe, wie er uns entgegentritt, in Zusammenhang bringen kann.

Der Weltenlauf tritt uns ja für unser irdisches Leben zunächst so entgegen, daß dieses irdische Leben eine Anzahl von Jahren umfaßt, daß diese Jahre in einem regelmäßigen Rhythmus die Wiederkehr gewisser Ereignisse darstellen, wie ich schon gestern angedeutet habe. Nach einem Jahre kommen wir ungefähr auf dieselben Geschehnisse der Witterung, der Sonnenkonstellation und so weiter zurück. Der Jahreslauf ist gewissermaßen etwas, was sich in unser irdisches Leben in rhythmischer Weise hineinstellt. Wir haben gestern gesehen, daß dieser Jahreslauf eine Aus- und Einatmung des Seelisch-Geistigen der Erde durch diese Erde selber darstellt. Wenn wir die vier Hauptpunkte dieses Erdenatmungsprozesses, wie wir sie gestern vor unsere Seele haben treten lassen, noch einmal uns vergegenwärtigen, so müssen wir sagen: Die Weihnachtsfesteszeit stellt uns dar das innere Atemhalten der Erde. Das Seelisch-Geistige ist von der Erde völlig aufgesogen. Tief im Inneren der Erde ruht alles das, was die Erde entfaltet hat während der Sommerzeit, um es vom Kosmos anregen zu lassen. Alles was sich öffnete und hingab den kosmischen Kräften während der Sommerzeit, ist von der Erde eingesogen, ruht in den

Tiefen der Erde zur Weihnachtszeit. Der Mensch lebt ja nicht in den Tiefen des Irdischen, er lebt physisch auf der Oberfläche der Erde. Er lebt aber auch geistig-seelisch nicht in den Tiefen der Erde, sondern er lebt eigentlich mit dem Umkreis der Erde. Er lebt auch geistig-seelisch mit der die Erde umkreisenden Atmosphäre.

Daher hat alle esoterische Wissenschaft immer anerkannt das Wesentliche der Erde zur Wintersonnenwendezeit, zur Weihnachtszeit, als ein zunächst Verborgenes, als etwas, was mit gewöhnlichen menschlichen Erkenntniskräften nicht durchschaut werden kann, was in den esoterischen Mysterienbereich gehört. Und in allen älteren Zeiten, in denen auch etwas Ähnliches da war wie unser heutiges Weihnachtsfest, galt es, daß dasjenige, was sich mit der Erde zur Weihnachtszeit abspielt, nur begriffen werden könne durch die Einweihung in die Mysterienerkenntnis, durch die Einweihung, wie man es noch in Griechenland nannte, in die chthonischen Mysterien. Durch diese Einweihung in die Mysterienerkenntnis entfremdete sich gewissermaßen der Mensch von dem Umkreis der Erde, in dem er mit seinem gewöhnlichen Bewußtsein lebt, so weit, daß er untertauchte in etwas, in das er physisch nicht untertauchen konnte: daß er in das Geistig-Seelische untertauchte und kennenlernte, was die Erde während der Vollwinterzeit dadurch wird, daß sie ihr Geistig-Seelisches einsaugt. Und kennen lernte dann der Mensch durch diese Mysterieneinweihung, daß die Erde zur Wintersonnenwendezeit ganz besonders empfänglich wird für die Durchdringung mit den Mondenkräften. Das galt als das Geheimnis, wenn ich mich im modernen Sinne ausdrücken darf, als das Weihnachtsgeheimnis der alten Mysterien: daß man eben zur Weihnachtszeit die Art und Weise kennen lernt, wie die Erde dadurch, daß sie mit ihrem Seelisch-Geistigen durchtränkt und durchdrungen ist, besonders empfänglich wird für die Wirksamkeit der Mondenkräfte im Inneren der Erde.

Man traute zum Beispiel in gewissen älteren Zeiten niemandem eine Erkenntnis der Heilwissenschaft zu, der nicht in die Wintergeheimnisse eingeweiht war, der nicht verstand, wie die Erde durch ihr Atemhalten für die Wirksamkeit der Mondenkräfte in ihrem Inneren besonders empfänglich ist, wie sie zu dieser Zeit insbesondere die Pflanzen mit den Heilkräften durchdringt, wie sie etwas ganz anderes aus der Pflanzenwelt, aber auch aus der Welt namentlich der niederen Tiere macht.

Wie ein Hinuntersteigen in die Tiefen des Irdischen empfand man die Weihnachtseinweihung. Aber man verknüpfte mit dieser Weihnachtseinweihung noch etwas anderes. Man verknüpfte mit dieser Weihnachtseinweihung etwas, was man in einem gewissen Sinne als eine Gefahr für die menschliche Wesenheit empfand. Man sagte sich etwa: Wenn man wirklich liebend anschaute, sein Bewußtsein damit erfüllend, dasjenige, was in der Erde als Mondenkräfte zur Weihnachtszeit lebt, dann kommt man in eine Art von Bewußtseinszustand, in dem man innerlich sehr stark sein muß, sich sehr gekräftigt haben muß, um auszuhalten den von allen Seiten herkommenden Anprall der ahrimanischen Mächte, die in der Erde gerade durch die Aufnahme der Mondenwirksamkeit leben. Und nur in der Stärke, die man in sich selber in seinem Seelisch-Geistigen entwickelte, um den Widerstand dieser Kräfte zu brechen, nur in dieser Stärke sah man dasjenige, was den Menschen auf die Dauer sein Erdendasein aushalten lassen kann.

Aber dann, einige Zeit nach der Feier dieser Weihnachtsmysterien, versammelten die Mysterienlehrer ihre Schüler, und wie eine Art Offenbarung teilten sie ihnen das Folgende mit. Sie sagten ihnen: Ja, gewiß, mit vollem Bewußtsein durchschauen, was zur Wintersonnenwende innerhalb der Erde wirkt, das kann man durch die Einweihung. Aber es steigt ja, namentlich wenn der Frühling heraufkommt, mit der wachsenden Pflanzenwelt dasjenige aus den Tiefen der Erde und durchdringt alles Wachsende, Sprießende, durchdringt auch den Menschen selber, was da die ahrimanischen Mächte bewirken. In der Zeit, in der dem Menschen noch göttliche Kräfte mitgegeben waren, wie sie ihm eben mitgegeben waren im Erdenbeginne, da konnten durch dieses ursprüngliche göttliche Erbe die Menschen den Anprall der ahrimanischen Mächte, die sich auf diese Weise durch die Wintermondeszeit über die Menschheit ergossen, aushalten. Aber – so sagten die Eingeweihten ihren Schülern – es wird eine Zeit über die Menschheit kommen, wo gewissermaßen die Menschen betäubt sein werden über das Geistige durch das, was die Erde an Mondenkräften aufnimmt zur Winterzeit. Mit dem Wachsen und Sprießen im Frühling wird es wie ein Berauschtsein gegenüber dem Geistigen über die Menschheit kommen und der Menschheit das Bewußtsein nehmen, daß es überhaupt ein Geistiges gibt. Dann wird die Menschheit, wenn sie nicht die Möglichkeit findet, diesen berauschenden Kräften Widerstand zu leisten, der Erde verfallen und nicht sich mit der Erde weiter entwickeln können zu künftigen andern, höheren Stadien der Erdenentwickelung. – In düsteren Farben malten die Eingeweihten das Zeitalter, das mit dem 15. Jahrhunderte anbrechen mußte für die Menschheit, wo die Menschheit allerdings groß sein wird in abstrakten toten Gedanken, wo die Menschheit aber nur dadurch wiederum geistfähig werden kann, daß sie neue Kraft gewinnt, um das Berauschende, das aus der Erde aufsteigt, zu besiegen durch die eigengeistige Kraft, welche die Menschheit entwickeln kann.

Wenn wir uns solche Vorstellungen machen, versetzen wir uns ungefähr in den Zusammenhang des natürlichen Jahreslaufes mit dem, was im Geist lebt. Wir bringen zusammen das, was sonst abstrakt, was nur nachgedacht wäre, mit demjenigen, was der natürlich-sinnliche Verlauf ist, wie er uns zum Beispiel in den Jahreszeiten entgegentritt.

Das Entgegengesetzte dieses Weihnachtsmysteriums ist das Johannimysterium bei der Sommersonnenwende. Da hat die Erde ganz und gar ausgeatmet. Da ist das Geistig-Seelische der Erde ganz hingegeben den überirdischen Mächten, den kosmischen Mächten. Da nimmt das Geistig-Seelische der Erde auf alles das, was außerirdisch ist. Ebenso wie vom Weihnachtsmysterium, so sagten die alten Eingeweihten vom Johannimysterium, daß es gilt – die Ausdrücke sind natürlich modern, aber es hat für diese Mysterien auch immer alte Formen gegeben –, daß es nötig sei, um die Geheimnisse des Johannimysteriums, das heißt die Geheimnisse der Himmel, zu durchdringen, die Einweihung, Initiation zu erlangen. Denn der Mensch gehört dem Umkreis der Erde an; er gehört weder dem Inneren der Erde an, noch gehört er den Himmeln an als irdischer Mensch. Daher muß er eingeweiht sein in die Geheimnisse des Unterirdischen, um die Geheimnisse des Überirdischen kennenzulernen.

Gewissermaßen als etwas, wo sich Überirdisches und Unterirdisches die Waage halten, wurden angesehen das Ostermysterium und das Michael-Mysterium, das Herbstesmysterium, das aber, wie gesagt, erst eine rechte Bedeutung in der Zeit gewinnen soll, die der unsrigen gegenüber als Zukunft erscheint.

Das Ostermysterium trat in seiner vollen Größe in die Menschheitsentwickelung herein durch das Geheimnis von Golgatha. Das Ostermysterium wurde verstanden, wie ich schon sagte, in der Zeit, als noch die Reste des alten Hellsehens vorhanden waren. Da konnten die Menschen sich noch erheben in ihrem Gemüte zu dem auferstandenen Christus. Das Ostermysterium wurde daher in denjenigen Kultus verwoben, der nun nicht ein Initiationskultus, sondern ein Kultus für die allgemeine Menschheit wurde: das Ostermysterium wurde verwoben in den Messekultus, in den Kultus der Messehandlung. Aber mit dem Zurückgehen der alten primitiven Hellsichtigkeit ging auch das Verständnis für das Ostermysterium verloren. Zu diskutieren beginnt man ja über eine Sache erst dann, wenn man sie nicht mehr versteht. Alle die Diskussionen, die dann eingesetzt haben nach dem ersten christlichen Jahrhunderte über die Art und Weise, wie man den Ostergedanken zu fassen hat, die rühren schon davon her, daß man den Ostergedanken nicht mehr in das unmittelbare elementare Verständnis hereinbringen kann.

Nun, wir haben ja oftmals auch auf den Ostergedanken anwenden können dasjenige, was uns die anthroposophische Geisteswissenschaft gibt. Und das ist das Wesentliche, daß diese anthroposophische Geistesforschung wiederum hinweist auf Lebensformen, die nicht innerhalb Geburt und Tod der sinnlichen Welt sich erschöpfen, und daß sie auch gegenüber dem, was sinnlich erforschbar ist, das geistig Erforschbare stellt, daß sie begreiflich macht, wodurch der Christus mit seinen Jüngern verkehren konnte, auch nachdem der physische Leib zerstäubt war. Der Auferstehungsgedanke gewinnt wiederum Lebendigkeit im Lichte der Geistesforschung. Aber vollständig begriffen wird dieser Auferstehungsgedanke nur dann, wenn er, ich möchte sagen, auch mit seinem Gegenpol verbunden wird.

Was stellt denn eigentlich der Auferstehungsgedanke dar? Die Christus-Wesenheit ist aus geistigen Höhen herabgestiegen, untergetaucht in den Leib des Jesus, lebte auf der Erde in dem Leib des Jesus, trug dadurch gewissermaßen die Kräfte des Außerirdischen in die Erdensphäre herein; und indem sie die Kräfte des Außerirdischen in die Erdensphäre hereintrug, waren von diesem Zeitpunkte, von dem Zeitpunkte des Mysteriums von Golgatha an, diese überirdischen Kräfte mit den Kräften der Menschheitsentwickelung verbunden. Seither ist das, was die Menschen in der alten Zeit nur draußen in den Weltenweiten schauen konnten, zu empfinden innerhalb der Menschheitsentwickelung der Erde. Der Christus hat sich nach der Auferstehung mit der Menschheit verbunden, lebt seither nicht nur in außerirdischen Höhen, lebt innerhalb des Erdendaseins, lebt in der Entwickelung, in der Entwickelungsströmung der Menschheit.

Dieses Ereignis muß vor allen Dingen angesehen werden nicht nur vom Gesichtspunkte des Irdischen aus, sondern auch vom Gesichtspunkte des Überirdischen. Man kann sagen: Man soll den Christus nicht nur so betrachten, wie er aus Himmelswelten herankommt an die Erde und Mensch wird, also den Menschen gegeben wird, sondern man soll dieses Christus-Ereignis auch so betrachten, wie der Christus fortgeht aus der geistigen Welt auf die Erde hinunter. – Die Menschen sahen gewissermaßen den Christus in ihrem Bereiche ankommen. Die Götter sahen den Christus die himmlische Welt verlassen und untertauchen in die Menschheit. Für die Menschen erschien der Christus; für eine gewisse geistige Welt entschwand er. Und indem er durch die Auferstehung ging, erschien er, ich möchte sagen, von der Erde aus leuchtend gewissen geistigen Wesenheiten des Außerirdischen wie ein Stern, der jetzt ihnen in die geistige Welt von der Erde aus hineinscheint. Geistige Wesenheiten verzeichnen das Mysterium von Golgatha so, daß sie sagen: Es begann von der Erde aus ein Stern hereinzuleuchten in das geistige Reich. – Und als etwas außerordentlich Wesentliches für die geistige Welt wurde es empfunden, daß der Christus in einen menschlichen Leib untergetaucht ist, mitgemacht hat in einem menschlichen Leib den Tod. Denn indem er in einem menschlichen Leib den Tod mitmachte, konnte er unmittelbar nach diesem Tode etwas unternehmen, was zunächst seine früheren Göttergenossen nicht haben unternehmen können.

Diese früheren Göttergenossen hatten wie eine feindliche Welt gegen sich dasjenige, was man auch in älteren Zeiten Hölle nannte. Aber die Wirksamkeit dieser geistigen Wesenheiten hatte ihre Grenze an den Pforten der Hölle. Diese geistigen Wesenheiten wirkten auf den Menschen. Des Menschen Kräfte ragen auch hinein in die Hölle; das ist ja nichts anderes als das Hineinragen, das unterbewußte Hineinragen des Menschen in die ahrimanischen Kräfte zur Winterzeit und beim Aufstieg dieser ahrimanischen Kräfte in der Frühlingszeit. Die göttlich-geistigen Wesen empfanden das als eine ihnen gegenüberstehende Welt. Sie sahen das aus der Erde aufsteigen, sie empfanden dieses als eine außerordentlich schwierige Welt; aber sie standen mit dieser Welt in Verbindung nur auf dem Umwege durch den Menschen, sie konnten sie gewissermaßen nur anschauen. Dadurch, daß heruntergestiegen war der Christus auf die Erde, selber Mensch geworden war, konnte er hinuntersteigen in den Bereich dieser ahrimanischen Kräfte und sie besiegen, was eben in den Glaubensformeln mit dem Hinuntersteigen in die Hölle ausgedrückt wird.

Damit ist der andere Pol der Auferstehung gegeben. Das hat Christus für die Menschheit getan, daß er, von göttlichen Höhen heruntersteigend, Menschengestalt annehmend, in die Lage versetzt wurde, wirklich hinunterzusteigen in den Bereich, dessen Gefahren der Mensch ausgesetzt ist, in den früher Götter, die sich nicht dem Menschentode ausgesetzt hatten, nicht hinuntersteigen konnten. Damit hat er auf seine Art den Sieg über den Tod errungen, und damit trat, ich möchte sagen, wie der andere Pol dieses Hinabsteigens in die Hölle das Aufsteigen in die geistige Welt hinzu, trotzdem er auf der Erde bleibend war: weil der Christus sich mit der Menschheit so vereinigt hatte, daß er zu dem hinuntergestiegen war, dem die Menschheit ausgesetzt ist. Während der Winterzeit und Frühlingszeit konnte er das für die Menschen erobern, was aus außerirdischen Regionen wiederum in die Erde von der Johannizeit ab zum Herbste hin hereinwirkt. Und so sehen wir in dem Ostergedanken gewissermaßen vereinigt das Hinuntersteigen in die höllische Region, und durch dieses Hinuntersteigen das Erobern der himmlischen Region für die weitere Menschheitsentwickelung.

Das alles gehört zu einem richtigen Begreifen des Ostergedankens. Aber was wäre dieser Ostergedanke, wenn er nicht lebendig werden könnte! Es war nur möglich, in alten Zeiten die richtige Empfindung mit dem Gedanken der Wintersonnenwende zu verbinden dadurch, daß man auf der andern Seite den Johannigedanken hatte. Schematisch gezeichnet: Hatte man das Irdische mit seinem tief verborgenen Winterlichen (orange), so war das Dazugehörige dasjenige, was zur Sommerzeit im überirdischen Umkreise war (orange), beides nur durch die Einweihung erreichbar, aber verbunden durch das, was im irdischen Umkreise, im Atmosphärenumkreise war (grün).

Tafel 3

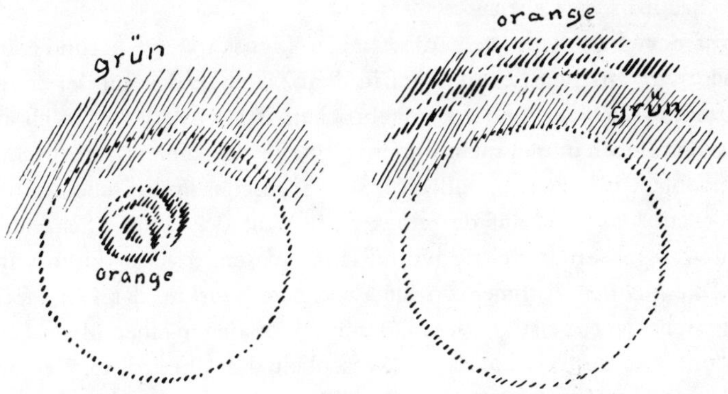

Weihnachten fordert Johanni, Johanni fordert Weihnachten. Der Mensch müßte erstarren unter den ahrimanischen Mächten, wenn er nicht den auflösenden luziferischen Mächten ausgesetzt sein könnte, welche dem Gedanken wiederum Flügel geben, so daß er nicht erstarren muß, sondern unter der Einwirkung des Lichtes wiederum auftauen kann.

Zunächst hat die Menschheit in ihrer Entwickelung nur den einen Pol, den Osterpol, und dieser Osterpol ist abgelähmt worden. Das Osterfest hat nicht mehr seine innere Lebendigkeit. Es wird seine innere Lebendigkeit wieder bekommen, wenn man über dieses Osterfest in der folgenden Weise denken kann, wenn man sich wird sagen können: Durch das, was symbolisch ausgedrückt wird in dem Herabsteigen zur Hölle – was in Wirklichkeit verstanden werden kann als die Auferstehung –, wurde dem Menschen ein Gegengewicht gegeben gegen etwas, was herankommen mußte, gegen das Abgelähmtwerden aller geistigen Anschauung, gegen das Ersterben im irdischen Leben. – Prophetisch vorbauen wollte der Christus Jesus demjenigen, was kommen mußte: daß der Mensch eigentlich während seines Lebens auf der Erde zwischen Geburt und Tod das Überirdische, das Geistige so vergißt, daß er diesem überirdischen Geistigen gewissermaßen abstirbt. Diesem Absterben des Menschen im irdischen Leben steht gegenüber der Ostergedanke von dem Sieg des überirdischen Lebens über das irdische Leben.

Auf der einen Seite steht dieses: Der Mensch steigt herunter aus seinem vorirdischen Leben. Aber in dem Zeitalter, das mit der ersten Hälfte des 15. Jahrhunderts angebrochen ist, wird der Mensch im irdischen Leben immer mehr und mehr vergessen seinen überirdischen Ursprung, wird gewissermaßen für sein Seelisches im irdischen Leben ersterben. Das steht auf der einen Seite. Auf der andern Seite aber steht: Da gab es ein geistig-himmlisches Wesen, das hat durch seine Tat, die aus den Himmeln in die Erde hereinwirkte, das Gegenbild hingestellt: jenes geistige Wesen, das hinunterstieg in einen Menschenleib und das durch seine eigene Wesenheit das Überirdisch-Geistige in der Auferstehung unter die Menschen der Erde hereingesetzt hat. Zum Andenken dafür haben wir das Osterfest, das im Bilde hinstellt vor die Menschheit die Grablegung des Christus Jesus, die Auferstehung des Christus Jesus.

Er ist ins Grab gelegt worden und nachher auferstanden – das ist der Ostergedanke; das ist der Ostergedanke, wie er sich in die kosmischen Weistümer hineinstellt. – Siehe hin auf dich, o Mensch, du steigst herunter aus überirdischen Welten; dir droht die Gefahr, zu ersterben für deine Seele in dem irdischen Leben. Da aber erscheint der Christus, der dir vor Augen stellt, wie dasjenige, in dem auch du urständest, das Überirdisch-Geistige, wie das den Tod besiegt. Das steht vor dir in dem größten der Bilder, die vor die Menschheit haben hingestellt werden können: die Grablegung des Christus Jesus, die

Auferstehung des Christus Jesus. Er ist hineingelegt worden in das Grab. Er ist auferstanden aus dem Grab und denjenigen, die ihn schauen konnten, erschienen.

Aber mit den herabgelähmten Seelenkräften kann dieses Bild nicht mehr lebendig werden. Wo kann es heute noch lebendig werden in den abgelähmten Seelenkräften, wie sie heute sind? In einem traditionellen Glauben kann der Mensch noch hinschauen auf das, was ihm die Osterfesteszeit gibt: auf das grandiose Bild der Grablegung und Auferstehung. Aus der inneren Kraft der Seele heraus kann er von sich selber nichts mehr verbinden mit diesem Ostergedanken, mit dem Gedanken der Grablegung und der Auferstehung. Aus der geistigen Erkenntnis heraus muß er wiederum etwas damit verbinden. Und das kann kein anderes sein als dieses: Ja, es ist möglich, daß der Mensch Geist-Erkenntnis an sich herankommen lasse und daß er begreife das andere. Stellen wir es vor uns hin, damit wir es uns tief in die Seele einschreiben, dieses andere!

Der Ostergedanke: Er ist ins Grab gelegt, er ist erstanden. Stellen Tafel 3
wir dagegen den andern Gedanken vor uns hin, der über die Menschheit kommen muß: Er ist erstanden und kann beruhigt ins Grab gelegt werden. – Ostergedanke: Er ist ins Grab gelegt, er ist erstanden. – Michael-Festgedanke: Er ist erstanden und kann beruhigt ins Grab gelegt werden.

Der erste Gedanke, der Ostergedanke, bezieht sich auf den Christus, der zweite Gedanke bezieht sich auf den Menschen, auf den Menschen, der gerade die Kraft des Ostergedankens begreift: wie durch Geist-Erkenntnis, wenn er eingetreten ist in das irdische Leben der Gegenwart, wo sein Seelisch-Geistiges erstirbt, seine Seele auferstehen kann, so daß er lebendig wird zwischen Geburt und Tod, so daß er im irdischen Leben innerlich lebendig wird. Dieses innerliche Erstehen, dieses innerliche Auferwecktwerden, das muß der Mensch begreifen durch Geisteswissenschaft; dann wird er beruhigt ins Grab gelegt. Dann wird er in das Grab gelegt, durch das er sonst denjenigen Mächten verfallen müßte, die als ahrimanische Mächte innerhalb des Erdenbereiches zur Wintersonnenwendezeit wirken.

Und das Fest, das diesen Gedanken enthält: Er ist erstanden und kann beruhigt ins Grab gelegt werden –, dieses Fest muß hineinfallen in die Zeit, wenn die Blätter beginnen gelb zu werden, von den Bäumen zu fallen, wenn die Früchte reifen, wenn die Sonne jene Gewalt bekommen hat, durch die sie das, was im Frühling Sprießendes, Sprossendes, Wachstumkräftiges war, zur Reife bringt, aber auch zum Welken bringt und wiederum hinneigen läßt zum Inneren der Erde; wenn das, was auf der Erde sich entwickelt, beginnt ein Symbolum des Grabes zu werden.

Stellen wir das Osterfest hinein in die Zeit, wo das Leben beginnt zu sprießen und zu sprossen, wo die Wachstumskräfte ihre höchste Höhe erreichen, so müssen wir das andere Fest, das da enthält: Er ist erstanden und kann beruhigt ins Grab gelegt werden –, hinverlegen in diejenige Zeit, wo es beginnt, in der Erdennatur welk zu werden, wo Grabesstimmung sich ausbreitet innerhalb der Erdennatur, wo vor des Menschen Seele treten kann das Symbolum des Grabes. Da wird rege in dem Menschen der Michael-Gedanke: jener Gedanke, der sich nun aber nicht wie der Ostergedanke in den ersten Jahrhunderten des Christentums an das Anschauen richtet. In den ersten Jahrhunderten des Christentums wurde die Anschauung hingerichtet auf den ins Grab gelegten und auferstandenen Christus. Im Anschauen wurde die Seele mit ihren stärksten Kräften erfüllt, kräftig gemacht. In dem Festesgedanken der Herbstessonnenwende muß die Seele ihre Stärke fühlen, indem nun nicht appelliert wird an ihr Anschauen, sondern an ihren Willen: Nimm den die ahrimanischen Mächte besiegenden Michael-Gedanken in dich auf, jenen Gedanken, der dich kräftig macht, Geisteserkenntnis hier auf Erden zu erwerben, damit du die Todesmächte besiegen kannst.

Wie der Ostergedanke sich an die Anschauung richtet, so richtet sich dieser Gedanke an die Willensmächte: aufzunehmen die Michael-Kraft, das heißt, aufzunehmen die Kraft der geistigen Erkenntnis in die Willenskräfte. Und so kann der Ostergedanke lebendig werden, unmittelbar herangebracht werden an das menschlich Seelisch-Geistige, indem ebenso, wie der Johannigedanke empfunden wurde als der Gegenpol des Weihnachtsgedankens, nun der Michael-Gedanke, der Gedanke des Michael-Festes zur Herbsteszeit als der Gegenpol des

Ostergedankens empfunden wird. Wie der Weihnachtsgedanke hervorgetrieben hat durch innere Lebendigkeit den Johannigedanken nach einem halben Jahre, so muß hervortreiben der Ostergedanke den Michael-Gedanken. Die Menschheit muß eine esoterische Reife erlangen dazu, nun wiederum nicht bloß abstrakt zu denken, sondern so konkret denken zu können, daß sie wieder Feste-schöpfend werden kann. Dann wird sie mit dem sinnlichen Erscheinungsverlaufe wiederum etwas Geistiges verbinden können.

Unsere Gedanken bleiben alle abstrakt. Aber unsere Gedanken mögen noch so großartig, noch so geistvoll sein – wenn sie abstrakt bleiben, werden sie nicht das Leben durchdringen können. Heute, wo die Menschheit nachdenkt darüber, wie sie das Osterfest auf irgendeinen abstrakten Tag setzen könne, nicht mehr nach der Sternenkonstellation, heute, wo alles höhere Erkennen verdunkelt ist, wo man keinen Zusammenhang mehr hat zwischen der Einsicht in die moralisch-geistigen und naturalistisch-physischen Kräfte, heute muß wiederum die Kraft in dem Menschen erwachen, unmittelbar mit der sinnlichen Erscheinung der Welt etwas Geistiges verbinden zu können.

Worin bestand denn die geistige Kraft des Menschen, Feste schaffen zu können im Laufe des Jahres je nach dem Verlauf der Jahreserscheinungen? Sie bestand in der ursprünglichen geistigen Kraft. Heute können die Menschen nach der alten traditionellen Gewohnheit Feste fortfeiern, aber die Menschheit muß wiederum die esoterische Kraft gewinnen, von sich aus etwas in die Natur hineinsagen zu können nach dem natürlichen Ablauf. Gefunden werden muß die Möglichkeit, den Herbstes-Michael-Gedanken als Blüte des Ostergedankens zu fassen. Während der Ostergedanke der Ausfluß der sinnlichen Blüte ist, muß die Blüte des Ostergedankens, der Michael-Gedanke, als der Ausfluß des physischen Abwelkens in den Jahreslauf hineingestellt werden können.

Die Menschen müssen wiederum lernen, das Geistige mit dem Naturlauf zusammendenken zu können. Es ist heute dem Menschen nicht bloß gestattet, esoterische Betrachtungen anzustellen; es ist heute notwendig für den Menschen, Esoterisches wiederum tun zu können. Das aber werden die Menschen nur tun können, wenn sie imstande sind, ihre Gedanken so konkret, so lebendig zu fassen, daß sie wiederum nicht nur denken, indem sie sich zurückziehen von allem Geschehen, sondern indem sie denken mit dem Lauf des Geschehens, zusammen denken mit den welkenden Blättern, mit den reifenden Früchten so michaelisch, wie man österlich zu denken verstand mit den blühenden Pflanzen, mit den sprossenden Pflanzen, mit den sprießenden Blüten.

Wenn man verstehen wird, mit dem Jahreslauf zu denken, dann werden sich in die Gedanken diejenigen Kräfte mischen, welche den Menschen wiederum Zwiesprache werden halten lassen mit den göttlich-geistigen Kräften, die sich aus den Sternen offenbaren. Aus den Sternen herunter haben sich die Menschen die Kraft geholt, Feste zu begründen, die innerliche menschliche Gültigkeit haben. Feste müssen die Menschen aus innerer esoterischer Kraft begründen. Dann werden sie aus den Zwiesprachen mit welkenden, mit reifenden Pflanzen, mit der absterbenden Erde, indem sie die rechte innerliche Festesstimmung dazu finden, wiederum auch Zwiesprache halten können mit den Göttern und menschliches Dasein an Götterdasein anknüpfen können. Dann wird auch der richtige Ostergedanke wieder da sein, wenn dieser Ostergedanke so lebendig sein wird, daß er den Michael-Gedanken aus sich hervortreiben kann.

DRITTER VORTRAG

Dornach, Ostermontag, 2. April 1923

Wir dürfen nicht unterschätzen, welche Bedeutung für die Menschheit so etwas hat wie die Hinlenkung aller Aufmerksamkeit auf eine Festeszeit des Jahres. Wenn auch in unserer Gegenwart das Feiern der religiösen Feste mehr ein gewohnheitsmäßiges ist, so war es doch nicht immer so, und es gab Zeiten, in denen die Menschen ihr Bewußtsein verbanden mit dem Verlauf des ganzen Jahres, indem sie bei Jahresbeginn sich so im Zeitenverlaufe stehend fühlten, daß sie sich sagten: Es ist ein bestimmter Grad von Kälte oder Wärme da, es sind bestimmte Verhältnisse der sonstigen Witterung da, es sind bestimmte Verhältnisse da im Wachstum oder Nichtwachstum der Pflanzen oder der Tiere. – Und die Menschen lebten dann mit, wie allmählich die Natur ihre Verwandlungen, ihre Metamorphosen durchmachte. Sie lebten das aber so mit, indem ihr Bewußtsein sich mit den Naturerscheinungen verband, daß sie gewissermaßen dieses Bewußtsein hinorientierten nach einer bestimmten Festeszeit, sagen wir also: im Jahresbeginne durch die verschiedenen Empfindungen hindurch, die mit dem Vergehen des Winters zusammenhingen nach der Osterzeit hin, oder im Herbste mit dem Hinwelken des Lebens nach der Weihnachtszeit hin. Dann erfüllten die Seele jene Empfindungen, die sich eben ausdrückten in der besonderen Art, wie man sich zu dem stellte, was einem die Feste waren.

So erlebte man also den Jahreslauf mit, und dieses Miterleben des Jahreslaufes war ja im Grunde genommen ein Durchgeistigen desjenigen, was man um sich herum nicht nur sah und hörte, sondern mit seinem ganzen Menschen erlebte. Man erlebte den Jahreslauf wie den Ablauf eines organischen Lebens, so wie man etwa im Menschen, wenn er ein Kind ist, die Äußerungen der kindlichen Seele in Zusammenhang bringt mit den ungelenken kindlichen Bewegungen, mit der unvollkommenen Sprechweise des Kindes. Wie man bestimmte seelische Erlebnisse zusammenbringt mit dem Zahnwechsel, andere seelische Erlebnisse mit späteren Veränderungen des Körpers, so sah man das Walten und Weben von Geistigem in den Veränderungen der äußeren Naturverhältnisse. Es war ein Wachsen und Abnehmen.

Das aber hängt zusammen mit der ganzen Art und Weise, wie sich der Mensch überhaupt als Erdenmensch innerhalb der Welt fühlt. Und so kann man sagen: In der Zeit, in der im Beginne unserer Zeitrechnung angefangen wurde, die Erinnerung an das Ereignis von Golgatha zu feiern, das dann zum Osterfest geworden ist, in der Zeit, in der das Osterfest im Laufe des Jahres lebendig empfunden worden ist, in der man den Jahreslauf so miterlebte, wie ich es eben gekennzeichnet habe, da war es im wesentlichen so, daß die Menschen ihr eigenes Leben hingegeben fühlten an die äußere geistig-physische Welt. Sie fühlten, daß sie, um ihr Leben zu einem vollständigen zu machen, bedürftig waren der Anschauung der Grablegung und Auferstehung, des grandiosen Bildes vom Ereignis von Golgatha.

Von solchem Erfüllen des Bewußtseins aber gehen Inspirationen für die Menschen aus. Die Menschen sind sich dieser Inspirationen nicht immer bewußt, aber es ist ein Geheimnis der Menschheitsentwickelung, daß von diesen religiösen Einstellungen gegenüber den Welterscheinungen Inspirationen für das ganze Leben ausgehen. Zunächst müssen wir uns ja klar sein darüber, daß während eines gewissen Zeitalters, während des Mittelalters, die Menschen, die das geistige Leben orientiert haben, die Priester waren, jene Priester, welche vor allen Dingen auch damit zu tun hatten, die Feste zu regeln, tonangebend zu sein im Feste-Feiern. Die Priesterschaft war diejenige Körperschaft innerhalb der Menschheit, welche vor die übrige Menschheit, die Laienmenschheit, die Feste hinstellte, den Festen ihren Inhalt gab. Damit aber fühlte die Priesterschaft diesen Inhalt der Feste ganz besonders. Und der ganze Seelenzustand, der sich dadurch einstellte, daß solche Feste inspirierend wirkten, der drückte sich dann aus im übrigen Seelenleben.

Man hätte im Mittelalter nicht dasjenige gehabt, was man die Scholastik nennt, was man die Philosophie des *Thomas von Aquino,* des *Albertus Magnus* und anderer Scholastiker nennt, wenn diese Philosophie, diese Weltanschauung und alles, was sie sozial in ihrem Gefolge hatte, nicht inspiriert gewesen wäre gerade von dem wichtigsten Kirchengedanken: von dem Ostergedanken. In der Anschauung des heruntersteigenden Christus, der im Menschen ein zeitweiliges Leben auf Erden führt, der dann durch die Auferstehung geht, war jener seelische Impuls gegeben, der dazu führte, jenes eigentümliche Verhältnis zwischen Glauben und Wissen, zwischen Erkenntnis und Offenbarung zu setzen, das eben das scholastische ist. Daß man aus dem Menschen heraus nur die Erkenntnis der sinnlichen Welt bekommen kann, daß alles, was sich auf die übersinnliche Welt bezieht, durch Offenbarung gewonnen werden muß, das war im wesentlichen durch den Ostergedanken, wie er sich an den Weihnachtsgedanken anschloß, bestimmt.

Und wenn wiederum die heutige naturwissenschaftliche Ideenwelt eigentlich ganz und gar ein Ergebnis der Scholastik ist, wie ich oftmals hier auseinandergesetzt habe, so muß man sagen: Ohne daß es die naturwissenschaftliche Erkenntnis der Gegenwart weiß, ist sie im wesentlichen ein richtiger Siegelabdruck, möchte ich sagen, des Ostergedankens, so wie er geherrscht hat in den älteren Zeiten des Mittelalters, wie er dann abgelähmt worden ist in der menschlichen Geistesentwickelung im späteren Mittelalter und in der neueren Zeit. Schauen wir darauf hin, wie die Naturwissenschaft in Ideen das verwendet, was heute ja populär ist und unsere ganze Kultur beherrscht, sehen wir, wie die Naturwissenschaft ihre Ideen verwendet: sie wendet sie an auf die tote Natur; sie glaubt sich nicht erheben zu können über die tote Natur. Das ist ein Ergebnis jener Inspiration, die angeregt war durch das Hinschauen auf die Grablegung. Und solange man zu der Grablegung hinzufügen konnte die Auferstehung als etwas, zu dem man aufsah, da fügte man auch die Offenbarung über das Übersinnliche zu der bloßen äußeren Sinneserkenntnis hinzu. Als immer mehr und mehr die Anschauung aufkam, die Auferstehung wie ein unerklärliches und daher unberechtigtes Wunder hinzustellen, da ließ man die Offenbarung, also die übersinnliche Welt, weg. Die heutige naturwissenschaftliche Anschauung ist sozusagen bloß inspiriert von der Karfreitagsanschauung, nicht von der Ostersonntagsanschauung.

Man muß diesen inneren Zusammenhang erkennen: Das Inspirierte ist immer das, was innerhalb aller Festesstimmungen miterlebt wird gegenüber der Natur. Man muß den Zusammenhang erkennen zwischen diesem Inspirierenden und dem, was in allem Menschenleben zum Ausdrucke kommt. Wenn man erst einsieht, welch inniger Zusammenhang besteht zwischen diesem Sich-Einleben in den Jahreslauf und dem, was die Menschen denken, fühlen und wollen, dann wird man auch erkennen, von welcher Bedeutung es wäre, wenn es zum Beispiel gelänge, die Herbstes-Michael-Feier zu einer Realität zu machen, wenn es wirklich gelänge, aus geistigen Untergründen heraus, aus esoterischen Untergründen heraus die Herbstes-Michael-Feier zu etwas zu machen, was nun in das Bewußtsein der Menschen überginge und wiederum inspirierend wirkte. Wenn der Ostergedanke seine Färbung bekäme dadurch, daß sich zu dem Ostergedanken: Er ist ins Grab gelegt worden und auferstanden – hinzufügte der andere Gedanke, der menschliche Gedanke: Er ist auferstanden und darf in das Grab gelegt werden, ohne daß er zugrunde geht –, wenn dieser Michael-Gedanke lebendig werden könnte, welche ungeheure Bedeutung würde gerade solch ein Ereignis haben können für das gesamte Empfinden und Fühlen und Wollen der Menschen! Wie würde sich das einleben können in das ganze soziale Gefüge der Menschheit!

Alles, was die Menschen erhoffen von einer Erneuerung des sozialen Lebens, es wird nicht kommen von all den Diskussionen und von all den Institutionen, die sich auf Äußerlich-Sinnliches beziehen, es wird allein kommen können, wenn ein mächtiger Inspirationsgedanke durch die Menschheit geht, wenn ein Inspirationsgedanke die Menschheit ergreift, durch welchen wiederum Moralisch-Geistiges unmittelbar im Zusammenhange gefühlt und empfunden wird mit dem Natürlich-Sinnlichen. Die Menschen suchen heute, ich möchte sagen, wie die unter der Erde befindlichen Regenwürmer das Sonnenlicht, während man, um das Sonnenlicht zu finden, eben über die Oberfläche der Erde hervorkommen muß. Mit allen Diskussionen und Reformgedanken von heute ist nichts zu machen in Wirklichkeit; allein von dem mächtigen Einschlage eines aus dem Geiste heraus geholten Gedankenimpulses ist etwas zu erreichen. Denn man muß sich klar sein darüber, daß gerade der Ostergedanke seine neue Nuance bekommen würde, wenn er ergänzt würde durch den Michael-Gedanken.

Betrachten wir diesen Michael-Gedanken einmal näher. Wenn wir den Blick auf den Ostergedanken hinwerfen, so haben wir zu beachten, daß Ostern in die Zeit des aufsprießenden und sprossenden Frühlingslebens fällt. In dieser Zeit atmet die Erde ihre Seelenkräfte aus, damit diese Seelenkräfte im Umkreise der Erde sich durchdringen mit dem, was astralisch um die Erde herum ist, mit dem außerirdischen Kosmischen. Die Erde atmet ihre Seele aus. Was bedeutet das? Das bedeutet, daß gewisse elementare Wesenheiten, welche ebenso im Umkreise der Erde sind wie die Luft oder wie die Kräfte des Pflanzenwachstums, ihr eigenes Wesen mit der ausgeatmeten Erdenseele verbinden für die Gegenden, in denen eben Frühling ist. Es verschwimmen und verschweben diese Wesenheiten mit der ausgeatmeten Erdenseele. Sie entindividualisieren sich, sie verlieren ihre Individualität, sie gehen in dem allgemein Irdisch-Seelischen auf. Zahlreiche Elementarwesen schaut man im Frühling gerade um die Osterzeit, wie sie aus dem letzten Stadium ihres individuellen Daseins, das sie während der Winterzeit gehabt haben, wolkenartig verschwimmen und aufgehen im allgemein Irdisch-Seelenhaften. Ich möchte sagen:

Tafel 4

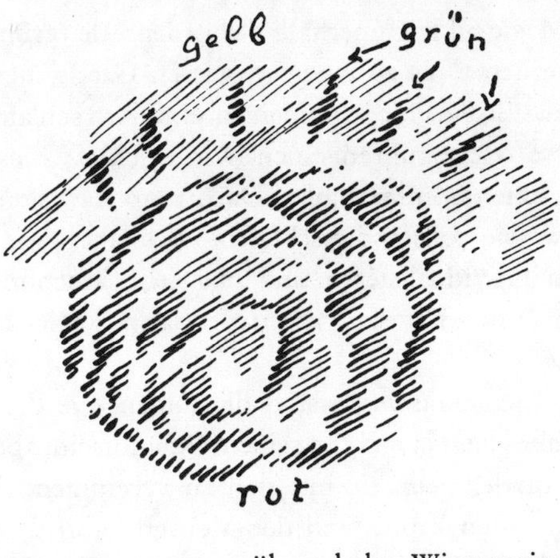

Diese Elementarwesen waren während der Winterzeit innerhalb des Seelenhaften der Erde, wo sie sich individualisiert hatten (siehe Zeichnung: grün im gelb). Die sind vor dieser Osterzeit noch mit einer gewissen Individualität behaftet, fliegen, schweben gewissermaßen herum als individuelle Wesenheiten. Während der Osterzeit sehen wir, wie sie in allgemeinen Wolken zusammenlaufen und eine

Tafel 4

gemeinsame Masse bilden innerhalb der Erdenseele (grün im gelb). Dadurch aber verlieren bis zu einem gewissen Grade diese Elementarwesen ihr Bewußtsein. Sie kommen in eine Art schlafähnlichen Zustand. Gewisse Tiere führen einen Winterschlaf; diese Elementarwesen führen einen Sommerschlaf. Das ist am stärksten während der Johannizeit, wo sie vollständig schlafen. Dann aber fangen sie wiederum an, sich zu individualisieren, und man sieht sie schon als besondere Wesen in dem Einatmungszug der Erde klar zur Michaeli-Zeit, Ende des September.

Aber diese Elementarwesen sind diejenigen, die der Mensch nun braucht. Das alles liegt ja nicht in seinem Bewußtsein, aber der Mensch braucht sie trotzdem, um sie mit sich zu vereinigen, damit er seine Zukunft vorbereiten kann. Und der Mensch kann diese Elementarwesen mit sich vereinigen, wenn er zu einer Festeszeit, die in das Ende des September fiele, mit einer besonderen inneren seelenvollen Lebendigkeit empfinden würde, wie die Natur gerade gegen den

Herbst zu sich verändert; wenn der Mensch empfinden könnte, wie da das tierisch-pflanzliche Leben zurückgeht, wie gewisse Tiere sich anschicken, ihre schützenden Orte aufzusuchen für den Winter, wie die Pflanzenblätter ihre Herbstesfärbungen bekommen, wie das ganze Natürliche verwelkt. Gewiß, der Frühling ist schön, und die Schönheit des Frühlings, das wachsende, sprießende und sprossende Leben des Frühlings zu empfinden, ist eine schöne Eigenschaft der menschlichen Seele. Aber auch empfinden zu können, wenn die Blätter sich bleichen, ihre Herbstesfärbungen annehmen, wenn die Tiere sich verkriechen, fühlen zu können, wie im absterbenden Sinnlichen ersteht das glitzernde, glänzende Geistig-Seelische, empfinden zu können, wie mit dem Gelbfärben der Blätter ein Untergang des sprießenden, sprossenden Lebens da ist, aber wie das Sinnliche gelb wird, damit das Geistige in dem Gelbwerden als solches leben könne, empfinden zu können, wie in dem Abfallen der Blätter das Aufsteigen des Geistes stattfindet, wie das Geistige die Gegenoffenbarung des verglimmenden Sinnlichen ist: das sollte als eine Empfindung für den Geist den Menschen in der Herbsteszeit beseelen. Dann bereitet er sich in der richtigen Weise gerade auf die Weihnachtszeit vor.

Durchdrungen sollte der Mensch werden aus der anthroposophischen Geisteswissenschaft heraus von der Wahrheit, daß gerade das geistige Leben des Menschen auf Erden zusammenhängt mit dem absteigenden physischen Leben. Indem wir denken, geht ja unsere physische Materie in dem Nerv zugrunde. Der Gedanke ringt sich aus der zugrunde gehenden Materie auf. Das Werden der Gedanken in sich selber, das Aufglänzen der Ideen in der Menschenseele und im ganzen menschlichen Organismus Sich-verwandt-Fühlen mit den sich gelbfärbenden Blättern, mit dem welkenden Laub der Pflanzen, mit dem Dürrwerden der Pflanzen, dieses Sich-verwandt-Fühlen des menschlichen Geistseins mit dem Naturgeistsein: das kann dem Menschen jenen Impuls geben, der seinen Willen verstärkt, jenen Impuls, der den Menschen hinweist auf die Durchdringung des Willens mit Geistigkeit.

Dadurch aber, daß der Mensch seinen Willen mit Geistigkeit durchdringt, wird er ein Genosse der Michael-Wirksamkeit auf Erden.

Und wenn der Mensch in dieser Weise gegen den Herbst zu mitlebt mit der Natur und dieses Mitleben mit der Natur in einem entsprechenden Festesinhalt zum Ausdrucke bringt, dann kann er jene Ergänzung der Osterstimmung wirklich empfinden. Dadurch aber wird ihm noch etwas anderes klar. Sehen Sie, was der Mensch heute denkt, fühlt und will, ist ja inspiriert von der einseitigen Osterstimmung, die noch dazu eine abgelähmte ist. Diese Osterstimmung ist im wesentlichen ein Ergebnis des sprossenden, sprießenden Lebens, das alles wie in eine pantheistische Einheit aufgehen läßt. Der Mensch ist hingegeben an die Einheit der Natur und an die Einheit der Welt überhaupt. Das ist ja auch das Gefüge unseres Geisteslebens heute. Man will alles auf eine Einheit, auf ein Monon zurückführen. Entweder ist einer Anhänger des Allgeistes oder der Allnatur: danach ist er entweder ein spiritualistischer Monist oder ein materialistischer Monist. Es wird alles in einem unbestimmten All-Einen gefaßt. Das ist im wesentlichen Frühlingsstimmung.

Schaut man hinein in die Herbstesstimmung mit dem aufsteigenden freiwerdenden Geistigen (gelb), mit dem, ich möchte sagen, abtropfenden, welkwerdenden Sinnlichen (rot), dann hat man den Ausblick auf das Geistige als solches, auf das Sinnliche als solches.

Tafel 5

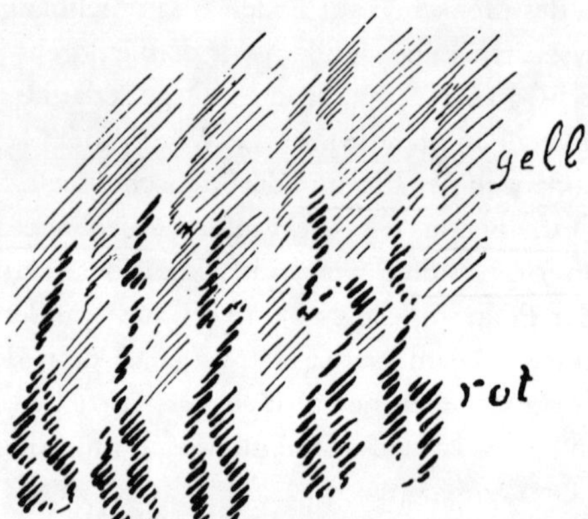

Die frühlingsprießende Pflanze hat in ihrem Wachstum, in ihrem Sprossen und Wachsen das Geistige darinnen. Das Geistige ist mit dem Sinnlichen durchmischt, man hat im wesentlichen eine Einheit. Die verwelkende Pflanze läßt das Blatt fallen und der Geist steigt auf: man hat den Geist, den unsichtbaren, übersinnlichen Geist, und herausfallend das Materielle. Es ist so, wie wenn man in einem Gefäß zuerst eine einheitliche Flüssigkeit hätte, in der irgend etwas aufgelöst ist, und man dann durch irgendeinen Vorgang es bewirken würde, daß sich aus dieser Flüssigkeit etwas absetzt, was als Trübung herunterfällt. Da hat man die zwei, die miteinander verbunden waren, die ein einziges bildeten, nun getrennt. Tafel 5, rechts

Der Frühling ist geeignet, alles ineinander zu verweben, alles in eine undifferenzierte, unbestimmte Einheit zu vermischen. Die Herbstesanschauung, wenn man nur richtig auf sie hinschaut, wenn man sie in der richtigen Weise kontrastiert mit der Frühlingsanschauung, sie macht einen aufmerksam darauf, wie Geist auf der einen Seite wirkt, Physisch-Materielles auf der andern Seite. Und man darf natürlich dann nicht einseitig bei dem einen oder bei dem andern stehenbleiben. Der Ostergedanke verliert ja nicht an Wert, wenn man den Michael-Gedanken hinzufügt. Man hat auf der einen Seite den Ostergedanken, wo alles, ich möchte sagen, in einer Art pantheistischer Vermischung auftritt, in einer Einheit. Man hat dann das Differenzierte, aber die Differenzierung geschieht nicht in irgendeiner unregelmäßigen, chaotischen Weise. Wir haben durchaus eine Regelmäßigkeit. Denken Sie sich den zyklischen Verlauf: Ineinanderfügung, Ineinandermischung, Vereinheitlichung, einen Zwischenzustand, wo die Differenzierung geschieht, die vollständige Differenzierung; dann wiederum das Aufgehen des Differenzierten im Einheitlichen und so fort. Da sehen Sie immer außer diesen zwei Zuständen noch einen dritten: da sehen Sie den Rhythmus zwischen dem Differenzierten und dem Undifferenzierten, gewissermaßen zwischen dem Einatmen des Herausdifferenzierten und dem Wiederausatmen. Einen Rhythmus sehen Sie, einen Zwischenzustand, ein Physisch-Materielles, ein Geistiges; ein Ineinanderwirken von Physisch-Materiellem und Geistigem: ein Seelisches. Sie lernen sehen im Naturverlaufe die Natur durchsetzt von der Urdreiheit: von Materiellem, von Geistigem, von Seelischem.

Das aber ist das Wichtige, daß man nicht stehenbleibt bei der allgemein-menschlichen Träumerei, man müsse alles auf eine Einheit zurückführen. Dadurch führt man alles, ob nun die Einheit eine spirituelle, ob sie eine materielle ist, auf das Unbestimmte der Weltennacht zurück. In der Nacht sind alle Kühe grau, im spirituellen Monismus sind alle Ideen grau, im materiellen Monismus sind sie ebenso grau. Das sind nur Empfindungsunterschiede. Darauf kommt es gar nicht an für eine höhere Anschauung. Worauf es ankommt, ist, daß wir als Menschen mit dem Weltenlauf uns so verbinden können, daß wir das lebendige Übergehen von der Einheit in die Dreiheit, das Zurückgehen von der Dreiheit in die Einheit zu verfolgen in der Lage sind. Dann, wenn wir dadurch, daß wir den Ostergedanken in dieser Weise ergänzen durch den Michaeli-Gedanken, uns in die Lage versetzen, die Urdreiheit in allem Sein in der richtigen Weise zu empfinden, dann werden wir sie in unsere ganze Seelenverfassung aufnehmen. Dann werden wir in der Lage sein, einzusehen, daß in der Tat alles Leben auf der Betätigung und dem Ineinanderwirken von Urdreiheiten beruht. Und dann werden wir, wenn wir das Michael-Fest so inspirierend haben, für eine solche Anschauung, wie das einseitige Osterfest inspirierend war für die Anschauungen, die nun einmal heraufgekommen sind, dann werden wir eine Inspiration, einen Natur-Geistimpuls haben, um in alles zu beobachtende und zu gestaltende Leben die Dreigliederung, den Dreigliederungsimpuls einzuführen. Und von der Einführung dieses Impulses hängt es doch zuletzt einzig und allein ab, ob die Niedergangskräfte, die in der menschlichen Entwickelung sind, wiederum in Aufgangskräfte verwandelt werden können.

Man möchte sagen, als von dem Dreigliederungsimpuls im sozialen Leben gesprochen worden ist, da war das gewissermaßen eine Prüfung, ob der Michael-Gedanke schon so stark ist, daß gefühlt werden kann, wie ein solcher Impuls unmittelbar aus den zeitgestaltenden Kräften herausquillt. Es war eine Prüfung der Menschenseele, ob der Michael-Gedanke in einer Anzahl von Menschen stark genug ist. Nun, die Prüfung hat ein negatives Resultat ergeben. Der Michael-Gedanke ist noch nicht stark genug in auch nur einer kleinen Anzahl von Menschen, um wirklich in seiner ganzen zeitgestaltenden Kraft und Kräftigkeit empfunden zu werden. Und es wird ja kaum möglich sein, die Menschenseelen für neue Aufgangskräfte so mit den urgestaltenden Weltenkräften zu verbinden, wie es notwendig ist, wenn nicht ein solch Inspirierendes wie eine Michael-Festlichkeit durchdringen kann, wenn also nicht aus den Tiefen des esoterischen Lebens heraus ein neugestaltender Impuls kommen kann.

Wenn sich statt der passiven Mitglieder der Anthroposophischen Gesellschaft nur wenige aktive Mitglieder fänden, so würden über einen solchen Gedanken Erwägungen angestellt werden können. Das Wesentliche der Anthroposophischen Gesellschaft besteht ja darin, daß allerdings Anregungen innerhalb der Anthroposophischen Gesellschaft ausgelebt werden, daß aber die Mitglieder eigentlich hauptsächlich den Wert darauf legen, teilzunehmen an dem, was sich abspielt; daß sie wohl ihre betrachtenden Seelenkräfte hinwenden zu dem, was sich abspielt, daß aber die Aktivität der eigenen Seele nicht verbunden wird mit demjenigen, was als ein Impuls durch die Zeit geht. Daher kann natürlich bei dem gegenwärtigen Bestande der anthroposophischen Bewegung nicht davon gesprochen werden, daß so etwas wie dieses, was jetzt gewissermaßen wie ein esoterischer Impuls ausgesprochen wird, in seiner Aktivität erwogen werden kann. Aber verstehen muß man doch, wie eigentlich der Gang der Menschheitsentwickelung geht, wie nicht aus dem, was man in oberflächlichen Worten äußerlich ausspricht, die großen tragenden Kräfte der Weltentwickelung der Menschheit kommen, sondern wie sie, ich möchte sagen, aus ganz andern Ecken heraus kommen.

Alte Zeiten haben das immer gewußt aus ursprünglichem, elementarischem, menschlichem Hellsehen heraus. Alte Zeiten haben es nicht so gemacht, daß die jungen Leute zum Beispiel lernen: So und so viele chemische Elemente, dann wird eins entdeckt zu den fünfundsiebzig, dann sind es sechsundsiebzig, dann wird wieder eins entdeckt, dann sind es siebenundsiebzig. Man kann nicht absehen, wie viele noch entdeckt werden können. Zufällig fügt sich eins zu fünfundsiebzig, zu sechsundsiebzig und so weiter. In dem, was da als Zahl angeführt wird, ist keine innere Wesenhaftigkeit. Und so ist es überall. Wen interessiert heute, was, sagen wir in der Pflanzensystematik, irgendwie eine Art von Dreiheit zur Offenbarung bringen würde! Man entdeckt Ordnung neben Ordnung oder Art neben Art. Man zählt ab so, wie man zufällig hingeworfene Bohnen oder Steinchen abzählt. Aber das Wirken der Zahl in der Welt ist ein solches, das auf Wesenhaftigkeit beruht, und diese Wesenhaftigkeit muß man durchschauen.

Man denke zurück, wie kurz die hinter uns liegende Zeit ist, wo dasjenige, was Stoffeserkenntnis war, zurückgeführt wurde auf die Dreiheit: auf das Salzige, das Merkurialische, das Phosphorartige, wie da eine Dreiheit von Urkräftigem geschaut wurde, wie alles, was sich als einzelnes fand, eben in irgendeine der Urkräfte der Drei hineingefügt werden mußte. Und anders noch ist es, wenn wir zurückblicken in noch ältere Zeiten, in denen es übrigens auch durch die Lage der Kultur den Menschen leichter war, auf so etwas zu kommen, denn die orientalischen Kulturen lagen mehr der heißen Zone zugeneigt, wo das dem älteren elementaren Hellsehen leichter möglich war. Heute ist es der gemäßigten Zone allerdings möglich, in freier, exakter Hellsichtigkeit zu diesen Dingen zu kommen; aber man will ja zurück in alte Kulturen! Damals unterschied man nicht Frühling, Sommer, Herbst und Winter. Frühling, Sommer, Herbst und Winter zu unterscheiden, verführt, weil man darinnen die Vier hat, zu einem bloßen Aneinanderreihen. So etwas wie den Jahreslauf beherrscht von der Vier zu denken, wäre zum Beispiel der altindischen Kultur ganz unmöglich gewesen, weil da nichts von den Urgestalten alles Wirkens darinnen liegt.

Als ich mein Buch «Theosophie» schrieb, da konnte ich nicht einfach aneinanderreihen: physischer Leib, ätherischer Leib, astralischer Leib und Ich, wie man es zusammenfassen kann, wenn die Sache schon da ist, wenn man die Sache innerlich durchschaut. Da mußte ich nach der Dreizahl anordnen: physischer Leib, Ätherleib, Empfindungsleib; erste Dreiheit. Dann die damit verwobene Dreiheit: Empfindungsseele, Verstandesseele, Bewußtseinsseele; dann die damit verwobene Dreiheit: Geistselbst, Lebensgeist, Geistesmensch, drei mal
Tafel 5 drei, ineinander verwoben (siehe Schema), dadurch wird es zu sieben.

Aber die Sieben ist eben drei mal drei ineinander verwoben. Und nur, wenn man auf das gegenwärtige Stadium der Menschheitsentwickelung blickt, kommt die Vier heraus, die eigentlich im Grunde genommen eine sekundäre Zahl ist.

Tafel 5

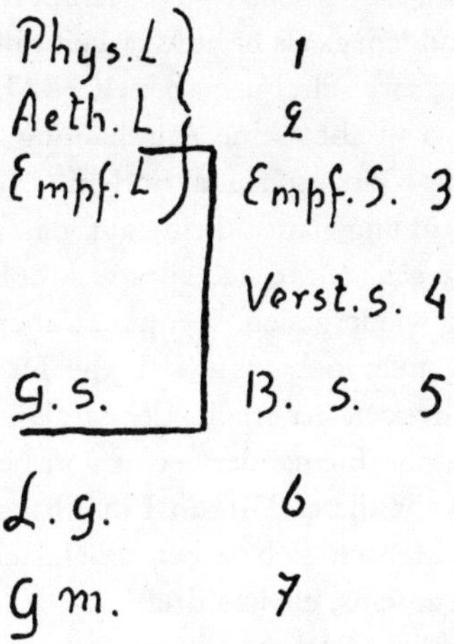

Will man auf das innerlich Wirksame, auf das sich Gestaltende sehen, muß man auf die Gestaltung im Sinne der Dreiheit schauen. Daher hat die alte indische Anschauung gehabt: heiße Jahreszeit, ungefähr würde das umfassen unsere Monate April, Mai, Juni, Juli; feuchte Jahreszeit, die würde ungefähr umfassen unsere Monate August, September, Oktober, November; und die kalte Jahreszeit würde umfassen unsere Monate Dezember, Januar, Februar, März, wobei die Grenzen gar nicht so festzustehen brauchen nach Monaten, sondern nur approximativ sind. Das kann verschoben gedacht werden. Aber der Jahreslauf wurde gedacht in der Dreiheit. Und so würde überhaupt die menschliche Seelenverfassung sich durchdringen mit der Anlage, diese Urdreiheit in allem Webenden und Wirkenden zu beobachten, dadurch aber auch allem menschlichen Schaffen, allem menschlichen Gestalten diese Urdreiheit einzuverweben. Man kann schon sagen, reinliche Ideen zu haben auch von dem freien Geistesleben, von dem Rechtsleben, von dem sozial-wirtschaftlichen Leben ist nur möglich, wenn man diesen Dreischlag des Weltenwirkens, das auch durch das Menschenwirken gehen muß, in der Tiefe durchschaut.

Heute gilt alles, was auf solche Dinge sich beruft, als eine Art von Aberglaube, währenddem es als hohe Weisheit gilt, einfach zu zählen: eins und wieder eins, zwei, drei und so weiter. Aber so verfährt ja die Natur nicht. Wenn man aber seine Anschauung lediglich darauf beschränkt, auf dasjenige hinzuschauen, in dem sich alles verwebt, zum Beispiel auf das Frühlingshafte allein, auf das man natürlich hinschauen muß, um zu sehen, wie sich alles verwebt, so kann man eben nicht den Dreischlag wiedergeben. Wenn man aber den ganzen Jahreslauf verfolgt, wenn man sieht, wie sich die Drei gliedert, wie das Geistige und das physisch-materielle Leben als Zweiheit vorhanden ist und das rhythmische Ineinanderweben von beiden als das Dritte, dann nimmt man wahr dieses Drei in Eins, Eins in Drei, und lernt erkennen, wie der Mensch sich selber hineinstellen kann in dieses Weltenwirken: drei zu eins, eins zu drei.

Das würde menschliche Seelenverfassung werden, weltendurchdringende, mit Welten sich verbündende menschliche Seelenverfassung, wenn der Michael-Gedanke als Festesgedanke so erwachen könnte, daß wirklich dem Osterfest an die Seite gesetzt würde in der zweiten Septemberhälfte ein Michael-Fest, wenn dem Auferstehungsgedanken des Gottes nach dem Tode hinzugefügt werden könnte der durch die Michael-Kraft bewirkte Auferstehungsgedanke des Menschen vor dem Tode. So daß der Mensch durch die Auferstehung Christi die Kraft finden würde, in Christus zu sterben, das heißt, den auferstandenen Christus in seine Seele aufzunehmen während des Erdenlebens, damit er in ihm sterben könne, das heißt, nicht tot, sondern lebendig sterben kann.

Solches inneres Bewußtsein würde hervorgehen aus dem Inspirierenden, das aus einem Michael-Dienst kommen würde. Man kann sehr wohl einsehen, wie unserer materialistischen Zeit, die aber identisch ist mit einer ganz und gar philiströs gewordenen Zeit, so etwas ferne liegt. Gewiß, man kann auch nichts davon erwarten, wenn es ein Totes, Abstraktes bleibt. Aber wenn mit demselben Enthusiasmus, mit dem einmal in der Welt Feste eingeführt worden sind, als man die Kraft hatte, Feste zu gestalten, wiederum so etwas geschieht, dann wird es inspirierend wirken. Dann wird es aber auch inspirierend wirken für unser ganzes geistiges und für unser ganzes soziales Leben. Dann wird dasjenige im Leben stehen, was wir brauchen: nicht abstrakter Geist auf der einen Seite, geistlose Natur auf der andern Seite, sondern durchgeistigte Natur, natürlich gestaltender Geist, die eines sind, und die auch wiederum Religion, Wissenschaft und Kunst in eines verweben werden, weil sie verstehen werden, die Dreiheit im Sinne des Michael-Gedankens in Religion, Wissenschaft und Kunst zu fassen, damit sie in der richtigen Weise vereinigt werden können im Ostergedanken, im anthroposophischen Gestalten, das religiös, künstlerisch, erkenntnismäßig wirken kann, das auch wiederum religiös, erkenntnismäßig differenzieren kann. So daß eigentlich der anthroposophische Impuls darin bestehen würde, in der Osterzeit zu empfinden Einheit von Wissenschaft, Religion und Kunst; in der Michaelzeit zu empfinden, wie die Drei – die *eine* Mutter haben, die Ostermutter –, wie die Drei Geschwister werden und nebeneinander stehen, aber sich gegenseitig ergänzen. Und auf alles menschliche Leben könnte der Michael-Gedanke, der festlich lebendig werden sollte im Jahreslauf, inspirierend wirken.

Von solchen Dingen, die durchaus dem real Esoterischen angehören, sollte man sich durchdringen, wenigstens zunächst erkenntnismäßig. Wenn dann einmal auch die Zeit kommen könnte, wo es aktiv wirkende Persönlichkeiten gibt, so könnte so etwas tatsächlich ein Impuls werden, der doch so, wie die Menschheit ist, einzig und allein wiederum Aufgangskräfte an die Stelle der Niedergangskräfte setzen könnte.

RELIGION – WISSENSCHAFT
KUNST

VIERTER VORTRAG

Dornach, 7. April 1923

In der letzten Zeit habe ich oftmals hinweisen müssen auf den Zusammenhang des Jahreslaufes mit irgendwelchen menschlichen Verhältnissen, und ich habe ja während der Ostertage hingewiesen auf den Zusammenhang des Jahreslaufes mit der Begehung menschlicher Feste. Ich möchte heute in sehr alte Zeiten zurückgehen, um gerade im Zusammenhange mit dem Mysterienwesen der Menschheit in alten Zeiten etwas über diesen Zusammenhang des Jahreslaufes mit menschlichen Festen noch zu sagen, das vielleicht dasjenige, was wir schon besprochen haben, nach der einen oder andern Seite noch vertiefen kann.

Die Festlichkeiten während des Jahres bedeuteten den Menschen sehr alter Erdenzeiten eigentlich ein Stück von ihrem ganzen Leben. Wir wissen, daß in diesen alten Zeiten das menschliche Bewußtsein in ganz anderer Weise wirkte als später. Man möchte diesem alten Bewußtsein etwas Träumerisches zuschreiben. Und aus diesem Träumerischen sind ja diejenigen Erkenntnisse des menschlichen Bewußtseins, der menschlichen Seele hervorgegangen, die dann die Mythenform angenommen haben, die auch zur Mythologie selber wurden. Durch dieses mehr träumerische, man kann auch sagen, instinktivhellseherische Bewußtsein schauten die Menschen tiefer hinein in dasjenige, was geistig in der Umgebung des Menschen ist. Aber gerade dadurch, daß die Menschen auf diese Art intensiv teilnahmen nicht nur an dem Sinnenwirken der Natur, wie das heute der Fall ist, sondern an den geistigen Geschehnissen, gerade dadurch waren die Menschen auch mehr hingegeben an die Erscheinungen des Jahreslaufes, an die Verschiedenheit des Wirkens in der Natur im Frühling und im Herbste. Ich habe auch darauf gerade in der letzten Zeit hingewiesen.

Heute aber will ich Ihnen einiges andere darüber mitteilen: wie namentlich das Hochsommerfest, das dann zu unserem Johannifeste geworden ist, und das Tiefwinterfest, das zu unserem Weihnachtsfest geworden ist, im Zusammenhange mit den alten Mysterienlehren begangen wurden. Da müssen wir allerdings uns klarmachen, daß jene Menschheit, von der wir für ältere Erdenzeiten sprechen, nicht in derselben Weise zu einem vollen Ich-Bewußtsein kam, wie wir das heute tun. Im traumhaften Bewußtsein liegt nicht ein volles Ich-Bewußtsein; und wenn kein volles Ich-Bewußtsein da ist, nehmen die Menschen auch nicht dasjenige wahr, worauf gerade die Menschheit der heutigen Zeit so stolz ist. Die Menschen jener Zeit nahmen nicht wahr, was in der toten Natur, in der mineralischen Natur lebte.

Halten wir das durchaus fest: Das Bewußtsein war ein solches, das nicht in abstrakten Gedanken verlief, das in Bildern lebte, aber es war traumhaft. Dadurch lebten sich die Menschen viel mehr ein, als das jetzt der Fall ist, sagen wir im Frühling in das sprießende, sprossende Pflanzenleben und Pflanzenwesen. Wiederum fühlten sie, könnte man sagen, das Entblättern im Herbste, das Welkwerden der Blätter, das ganze Hinsterben der pflanzlichen Welt, fühlten auch tief mit die Veränderungen, welche die Tierwelt im Laufe des Jahres durchmachte, fühlten die ganze menschliche Umgebung anders, wenn die Luft von Schmetterlingen durchflattert, von Käfern durchsurrt wurde. Sie fühlten gewissermaßen ihr eigenes menschliches Weben zusammen mit dem Weben und Wesen des pflanzlich-tierischen Daseins. Aber sie hatten nicht nur kein Interesse, sondern auch kein rechtes Bewußtsein von dem Mineralischen, von dem Toten draußen. Das ist die eine Seite dieses alten menschlichen Bewußtseins.

Die andere Seite ist diese, daß auch kein Interesse vorhanden war bei dieser alten Menschheit für die Gestalt des Menschen im allgemeinen. Es ist das heute sogar recht schwierig vorzustellen, wie nach dieser Richtung hin das menschliche Empfinden war; allein ein starkes Interesse für die menschliche Gestalt in ihrer Raumesform hatten die Menschen im allgemeinen nicht. Sie hatten aber ein intensives Interesse für das Rassenhafte des Menschen. Und je weiter wir in alten Kulturen zurückgehen, desto weniger interessiert eigentlich den Menschen so für das allgemeine Bewußtsein die menschliche Gestalt; dagegen interessiert die Menschen, wie die Farbe der Haut ist, wie das Rassentemperament ist. Auf das schauen diese Menschen hin. Auf der einen Seite also interessiert diese Menschen das Tote, Mineralische nicht, und auf der andern Seite interessiert sie nicht die menschliche Gestalt. Es war ein Interesse vorhanden, wie gesagt, für das Rassige, nicht aber für das allgemein Menschliche, auch nicht in bezug auf die äußere Gestalt.

Das nahmen eben als eine Tatsache die großen Lehrer der Mysterien hin. Wie sie darüber dachten, das will ich Ihnen durch eine graphische Zeichnung darlegen. Sie sagten: Die Menschen haben ein traumhaftes Bewußtsein; dadurch gelangen sie dazu, das Pflanzenleben in der Umgebung scharf aufzufassen. – Durch ihre Traumesbilder lebten ja diese Menschen das Pflanzenleben mit, aber es reichte dieses Traumbewußtsein nicht bis zu der Auffassung des Mineralischen. So daß die Mysterienlehrer sich sagten: Nach der einen Seite geht das menschliche Bewußtsein zum Pflanzenhaften (siehe Schema), das träumerisch erlebt wird, aber nicht bis zum Mineralischen; das liegt außerhalb des menschlichen Bewußtseins. Und nach der andern Seite fühlt der Mensch in sich das, was ihn noch mit der Tierheit verbindet, das Rassenmäßige, das Tierhafte (siehe Schema). Dagegen liegt außerhalb des menschlichen Bewußtseins das, was den Menschen durch seine aufrechte Gestalt, durch die Raumesform seines Wesens eigentlich zum Menschen macht.

Tafel 6

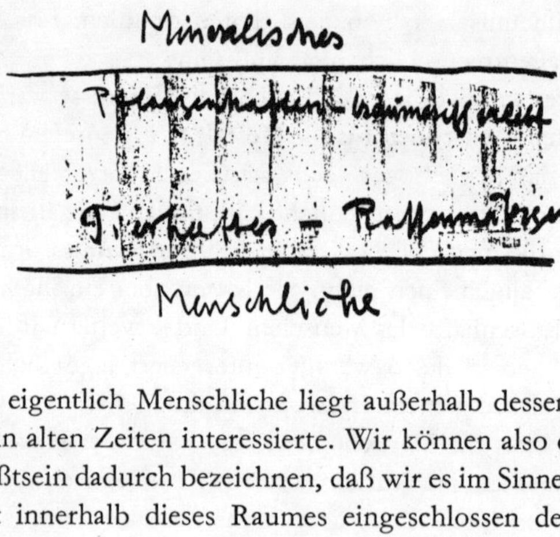

Also das eigentlich Menschliche liegt außerhalb dessen, was diese Menschen in alten Zeiten interessierte. Wir können also das menschliche Bewußtsein dadurch bezeichnen, daß wir es im Sinne dieser alten Menschheit innerhalb dieses Raumes eingeschlossen denken (siehe

Schema, schraffiert), während das Mineralische und das eigentlich Menschliche außer dem Bereich dessen lagen, wovon im Grunde genommen diese alte Menschheit, die außerhalb der Mysterien ihr Dasein verbrachte, etwas wußte.

Aber was ich jetzt ausgesprochen habe, galt nur so im allgemeinen. Durch seine eigenen Kräfte, durch das, was der Mensch in seinem Wesen erlebte, konnte er nicht bis jenseits dieses Raumes zum Mineralischen auf der einen Seite, zum Menschlichen auf der andern Seite dringen. Aber es gab von den Mysterien ausgehende Einrichtungen, welche im Laufe des Jahres den Menschen, wenigstens annähernd, so etwas brachten wie das menschliche Ich-Bewußtsein einerseits und Anschauung des allgemein Mineralischen auf der andern Seite. So sonderbar es dem Menschen der heutigen Zeit klingt, so ist es doch so, daß die alten Mysterienpriester Feste eingerichtet haben, durch deren besondere Verrichtungen die Menschen sich über das Pflanzenhafte hinaus zum Mineralischen erhoben und dadurch in alten Zeiten in einer gewissen Jahreszeit ein Aufleuchten des Ich hatten. Wie wenn in das Traumbewußtsein das Ich hereinleuchtete, so war es. Sie wissen, daß auch in den Träumen der Menschen von heute das eigene Ich, das die Menschen dann schauen, manchmal noch einen Bestandteil des Traumes bildet.

Und so leuchtete zum Johannifest durch die Verrichtungen, die für einen Teil der Menschheit, die eben daran teilnehmen wollte, veranstaltet wurden, so leuchtete herein das Ich-Bewußtsein eben zu dieser Hochsommerzeit. Und zu dieser Hochsommerzeit konnten die Menschen wenigstens so weit das Mineralische wahrnehmen, daß sie mit Hilfe dieses Mineralwahrnehmens eine Art Ich-Bewußtsein bekamen, wobei ihnen allerdings das Ich als etwas erschien, das von außen her in die Träume hereinkam. Und um das zu bewirken, wurden in den ältesten Hochsommerfesten, in den Festen zur Sommersonnenwendezeit, die dann unsere Johannifeste geworden sind, die Teilnehmer angeleitet, ein musikalisch-poetisches Element zu entfalten voll von Gesang begleiteter, streng rhythmisch angeordneter Reigentänze. Erfüllt von eigentümlichen musikalischen Rezitativen, die von primitiven Instrumenten begleitet wurden, waren gewisse Darstellungen und Aufführungen. Solch ein Fest war durchaus in Musikalisch-Poetisches getaucht. Der Mensch strömte das, was er in seinem Traumbewußtsein hatte, in musikalisch-sanglicher, in tanzartiger Weise wie in den Kosmos hinaus.

Was dazumal unter der Anleitung derjenigen Menschen, die selber wieder ihre Anleitung von den Mysterien hatten, für solche mächtige, weit ausgebreitete Volksfeste der alten Zeiten an Musikalischem, an Gesanglichem geleistet worden ist, dafür kann der moderne Mensch nicht ein unmittelbares Verständnis haben. Denn was dann später Musikalisches, Poetisches geworden ist, das steht weit ab von jenem primitiven, elementaren, einfach Musikalisch-Poetischen, das zur Hochsommerzeit unter der Anleitung der Mysterien in jenen alten Zeiten entfaltet wurde. Alles zielte darauf hin, daß, während die Menschen ihre von Gesang und primitiven poetischen Aufführungen begleiteten Reigentänze machten, sie in eine Stimmung kamen, durch die eben dasjenige geschah, was ich jetzt genannt habe das Hereinleuchten des Ich in die menschliche Sphäre.

Aber wenn man diese alten Menschen, die die Anleitungen hatten, gefragt hätte: Ja, wie kommt man denn eigentlich darauf, solche Gesänge, solche Tänze zu bilden, durch welche das, was ich geschildert habe, entstehen kann? – dann hätten diese alten Menschen wiederum eine für den modernen Menschen höchst paradoxe Antwort gegeben. Sie hätten zum Beispiel gesagt: Ja, vieles ist überliefert, vieles ist schon da, das haben noch ältere gemacht! – Aber in gewissen alten Zeiten hätten die Menschen so gesagt: Man kann es auch heute noch lernen, ohne daß man etwas auf eine Tradition gibt, wenn man nur das, was sich offenbart, weiter ausbildet. Man kann auch heute noch lernen, wie man sich der primitiven Instrumente bedient, wie man die Tänze formt, wie man die Gesangsstimme meistert. – Und nun kommt eben das Paradoxe, was diese alten Leute gesagt hätten. Sie würden gesagt haben: Das lernt man von den Singvögeln. – Aber sie haben eben in einer tiefen Weise verstanden den ganzen Sinn dessen, warum eigentlich die Singvögel singen.

Das ist ja längst vergessen worden von der Menschheit, warum die Singvögel singen. In der Zeit, in der der Verstand alles beherrscht, in der die Menschen intellektualistisch wurden, gewiß, die Menschen haben sich ja auch da Gesangskunst, poetische Kunst bewahrt, aber den Zusammenhang des Singens mit dem ganzen Weltenall haben sie in der Zeit des Intellektualismus vergessen. Und selbst jemand, der begeistert ist für die musische Kunst, der die musische Kunst hinausstellt über alles Banausisch-Menschliche, der sagt aus diesem späteren intellektualistischen Zeitalter heraus:

Ich singe, wie der Vogel singt,
Der in den Zweigen wohnet.
Das Lied, das aus der Kehle dringt,
Ist Lohn, der reichlich lohnet.

Ja, das sagt der Mensch eines gewissen Zeitalters. Der Vogel selber würde es nämlich niemals sagen. Der Vogel würde niemals sagen: «Das Lied, das aus der Kehle dringt, ist Lohn, der reichlich lohnet.» Und ebensowenig hätten es die alten Mysterienschüler gesagt. Denn wenn in einer bestimmten Jahreszeit die Lerchen, die Nachtigallen singen, dann dringt das, was da gestaltet wird, nicht durch die Luft, aber durch das ätherische Element in den Kosmos hinaus, vibriert im Kosmos hinaus bis zu einer gewissen Grenze; dann vibriert es zurück auf die Erde, und dann empfängt die Tierwelt dieses, was da zurückvibriert, nur hat sich dann mit ihm das Wesen des Göttlich-Geistigen des Kosmos verbunden. Und so ist es, daß die Nachtigallen, die Lerchen ihre Stimmen hinausrichten in das Weltenall (rot) und daß das-

Tafel 7

jenige, was sie hinaussenden, ihnen ätherisch wieder zurückkommt (gelb) für den Zustand, wo sie nicht singen, aber das ist dann durchwellt von dem Inhalte des Göttlich-Geistigen. Die Lerchen senden ihre Stimmen hinaus in die Welt, und das Göttlich-Geistige, das an der Formung, an der ganzen Gestaltung des Tierischen teilnimmt, das strömt auf die Erde wiederum herein auf den Wellen dessen, was zurückströmt von den hinausströmenden Liedern der Lerchen und Nachtigallen.

Man kann also, wenn man nicht aus dem intellektualistischen Zeitalter heraus, sondern aus dem wirklichen, allumfassenden menschlichen Bewußtsein heraus redet, eigentlich nicht sagen: «Ich singe, wie der Vogel singt, der in den Zweigen wohnet. Das Lied, das aus der Kehle dringt, ist Lohn, der reichlich lohnet», sondern man müßte dann sagen: Ich singe, wie der Vogel singt, der in den Zweigen wohnet. Das Lied, das aus der Kehle hinausströmt in Weltenweiten, kommt als Segen der Erde wiederum zurück, befruchtend das irdische Leben mit den Impulsen des Göttlich-Geistigen, die dann weiterwirken in der Vogelwelt, und die nur deshalb in der Vogelwelt der Erde wirken können, weil sie den Weg hereinfinden auf den Wellen desjenigen, was ihnen hinausgesungen wird in die Welt.

Nun sind ja nicht alle Tiere Nachtigallen und Lerchen; es singen auch selbstverständlich nicht alle hinaus, aber etwas Ähnliches, wenn es auch nicht so schön ist, geht von der ganzen tierischen Welt in den Kosmos hinaus. Das verstand man in jenen alten Zeiten, und deshalb wurden die Schüler der Mysterienschulen angeleitet, solches Gesangliche, solches Tänzerische zu erlernen, das sie dann aufführen konnten am Johannifest, wenn ich es mit dem modernen Ausdruck nennen darf. Das sandten die Menschen in den Kosmos hinaus, natürlich in einer jetzt nicht tierischen, sondern vermenschlichten Gestalt, als eine Weiterbildung dessen, was die Tiere in den Weltenraum hinaussenden.

Und es gehörte noch etwas anderes zu jenen Festen: nicht nur das Tänzerische, nicht nur das Musikalische, nicht nur das Gesangliche, sondern hinterher das Lauschen. Erst wurden die Feste aktiv aufgeführt, dann gingen die Anleitungen dahin, daß die Menschen zu Lauschern wurden dessen, was ihnen zurückkam. Sie hatten die großen

Fragen an das Göttlich-Geistige des Kosmos gerichtet mit ihren Tänzen, mit ihren Gesängen, mit all dem Poetischen, das sie aufgeführt hatten. Das war gewissermaßen hinaufgeströmt in die Weiten des Kosmos, wie das Wasser der Erde hinaufströmt, das oben die Wolken bildet und als Regen wieder hinabträufelt. Also erhoben sich die Wirkungen der menschlichen Festesverrichtungen und kamen jetzt zurück, selbstverständlich nicht als Regen, aber als etwas, was sich als die Ich-Gewalt dem Menschen offenbarte. Und es hatten die Menschen eine feine Empfindung für jene eigentümliche Umwandelung, welche gerade um die Johannifesteszeit mit der um die Erde herum befindlichen Luft und Wärme geschieht.

Darüber geht natürlich der heutige Mensch der intellektualistischen Zeit hinweg. Er hat etwas anderes zu tun als die Menschen der alten Zeiten. Er muß zu diesen Zeiten, wie auch zu andern Zeiten, zum Five o'clock tea gehen, zu Kaffees gehen, muß ins Theater gehen und so weiter. Er hat eben etwas anderes zu tun, was nicht von der Jahreszeit abhängt. Über alldem, was man da treibt, vergißt man jene leise Umwandelung dessen, was sich in der atmosphärischen Umgebung der Erde vollzieht.

Es ist nämlich so, daß diese Menschen der alten Zeit gefühlt haben, wie Luft und Wärme anders werden um die Johannizeit, um die Hochsommerzeit, wie sie etwas Pflanzenhaftes bekommen. Denken Sie einmal, was das für eine Empfindung war: eine feine Empfindung für alles, was in der Pflanzenwelt vorgeht. Nehmen wir an, das sei hier die Erde, und aus der Erde überall kommen die Pflanzen heraus; da hatten die Menschen eine feine Empfindung für alles, was mit der Pflanze sich heranentwickelt, was in der Pflanze lebt. Im Frühling hatte man so ein allgemeines Naturgefühl, das höchstens noch in der Sprache erhalten ist. Sie finden im Goetheschen «Faust» das Wort: es «grunelt». Wer merkt denn heute, wenn es grunelt, wenn die Grünheit, die im Frühling aus der Erde herauskommt, die Luft durchweht und durchwellt? Wer merkt denn, wenn es grunelt und wenn es blüht! Nun ja, heute sehen das die Menschen. Da gefällt ihnen das Rote, das Gelbe, das da blüht; aber sie merken es nicht, daß da die Luft etwas ganz anderes wird, wenn es blüht, oder gar wenn es fruchtet. Also dieses

Tafel 7

Miterleben mit der Pflanzenwelt ist weg für die intellektualistische Zeit. Für diese Menschen aber war es vorhanden. Daher konnten sie auch empfinden, wenn ihnen jetzt nicht von der Erde heraus das Gruneln, das Blühen, das Fruchten, sondern wenn ihnen das aus der Umgebung, aus der Luft kam, wenn Luft und Wärme selber von oben herunter (schraffiert) etwas wie Pflanzenhaftes ausströmten. Und dieses Pflanzenhaftwerden von Luft und Wärme, das versetzte das Bewußtsein hinein in jene Sphäre, wo dann das Ich herunterkam als Antwort auf dasjenige, was man musikalisch-dichterisch in den Kosmos hinaussandte.

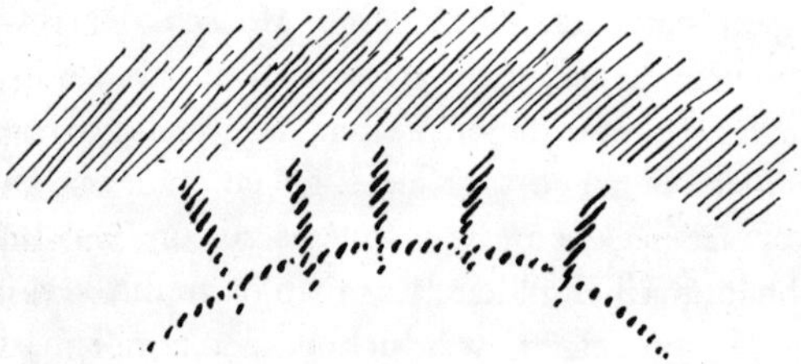

Also diese Feste hatten einen wunderbaren intimen menschlichen Inhalt. Es war eine Frage an das göttlich-geistige Weltenall. Die Antwort bekam man, weil man so, wie man das Fruchtende, das Blühende, das Grunelnde der Erde empfindet, von oben herunter aus der sonst bloß mineralischen Luft etwas Pflanzenhaftes empfand. Dadurch trat in den Traum des Daseins, in dieses träumerische alte Bewußtsein auch der Traum des Ich herein.

Und wenn dann das Johannifest vorüber war und der Juli und August wieder kamen, dann hatten die Menschen das Gefühl: Wir haben ein Ich; aber das Ich bleibt im Himmel, das ist da oben, das spricht nur zur Johannizeit zu uns. Da werden wir gewahr, daß wir mit dem Himmel zusammenhängen. Der hat unser Ich in Schutz genommen. Der zeigt es uns, wenn er das große Himmelsfenster öffnet; zur Johannizeit zeigt er es uns! Aber wir müssen darum bitten. Wir müssen bitten, indem wir die Festesverrichtungen der Johannizeit aufführen, indem wir da bei diesen Festesverrichtungen uns in die unglaublich traulichen, intimen musikalisch-poetischen Veranstaltungen hineinfinden. So waren schon diese alten Feste die Herstellung einer Kommunikation, einer Verbindung des Irdischen mit dem Himmlischen. Und Sie spüren, meine lieben Freunde: Dieses ganze Fest war in Musikalisches getaucht, in Musikalisch-Poetisches, es wurde plötzlich in der Hochsommerzeit für ein paar Tage – aber es war gut von den Mysterien her vorbereitet –, es wurde plötzlich in den einfachen Ansiedlungen der Urmenschen überall poetisch. Das ganze soziale Leben war in dieses musikalisch-poetische Element getaucht. Die Menschen glaubten eben, sie brauchten das, wie das tägliche Essen und Trinken, zu dem Leben im Jahreslaufe, daß sie da in diese tänzerisch-musikalisch-poetische Stimmung hineinkamen und auf diese Weise ihre Kommunikation mit den göttlich-geistigen Mächten des Kosmos herstellten. Von diesem Feste blieb dann das, was in der späteren Zeit kam: daß, wenn ein Mensch dichtete, er zum Beispiel sagte: Sing' mir, o Muse, vom Zorn des Peleiden Achilleus –, weil man sich da noch erinnerte, daß einstmals die große Frage an das Göttliche gestellt worden war und das Göttliche antworten sollte auf die Frage der Menschen.

Ebenso, wie sorgfältig vorbereitet wurden diese Feste zur Johannizeit, um die große Frage an den Kosmos zu stellen, damit der Kosmos zu dieser Zeit dem Menschen verbürge, daß er ein Ich hat, das nur eben die Himmel in Schutz genommen haben, so wurde in derselben Weise vorbereitet das Wintersonnenwendefest, das Tiefwinterfest, das jetzt zu unserem Weihnachtsfest geworden ist. Aber wie zur Johannizeit alles getaucht war in das musikalisch-poetische Element, in das tänzerische Element, so war in der Tiefwinterzeit alles zunächst so vorbereitet, daß die Menschen wußten: sie müssen still werden, sie müssen in ein mehr beschauliches Element hineinkommen. Und dann wurde hervorgeholt alles, was in alten Zeiten, von denen die äußere Geschichte ja nichts berichtet, von denen man nur wissen kann durch die Geisteswissenschaft, was in alten Zeiten da war während der Sommerzeit an verbildlichten Elementen, an plastisch verbildlichten Elementen, die ihren Höhepunkt erreichten in jenen tänzerischen, musikalischen Festen, von denen ich Ihnen soeben gesprochen habe. Während jener Zeit kümmerte sich die alte Menschheit, die gewissermaßen da aus sich herausging, um sich mit dem Ich in den Himmeln zu vereinigen, nicht um dasjenige, was man damals lernte. Außerhalb des Festes hatten sie ja zu tun mit der Besorgung all dessen, was eben in der Natur für den menschlichen Unterhalt zu besorgen war. Das Lehrhafte fiel in die Wintermonate, und das erlangte auch seine Kulmination, seinen Festesausdruck eben zur Wintersonnenwende, zur tiefen Winterzeit, zur Weihnachtszeit.

Da fing man an, die Menschen, welche wiederum unter der Anleitung der Mysterienschüler standen, vorzubereiten darauf, allerlei geistige Verrichtungen zu tun, die während des Sommers nicht getan wurden. Es ist schwierig, weil natürlich die Dinge sich von dem, was heute getan wird, sehr unterscheiden, mit heutigen Ausdrücken das zu benennen, was die Menschen so von unserer September-Oktoberzeit an bis zu unserer Weihnachtszeit hin trieben. Aber sie wurden angeleitet zu dem, was wir etwa heute nennen würden Rätselraten, Fragen beantworten, die in irgendeiner verhüllten Gestalt gegeben wurden, so daß sie aus dem, was in Zeichen gegeben war, einen Sinn herausfinden sollten. Sagen wir, die Mysterienschüler gaben denen, die so etwas lernen sollten, irgendein symbolisches Bild; das sollten sie deuten. Oder sie gaben ihnen, was wir ein Rätsel nennen würden; das sollten sie auflösen. Sie gaben ihnen irgendeinen Zauberspruch. Was der Zauberspruch enthielt, sollten sie auf die Natur beziehen und es damit auch erraten. Aber namentlich wurde sorgfältig vorbereitet, was dann bei den verschiedenen Völkern verschiedenste Formen angenommen hat, was zum Beispiel in nordischen Ländern dann in einer späteren Zeit gelebt hat als das Hinwerfen der Runenstäbe, so daß sie Formen bildeten, die dann enträtselt wurden. Diesen Betätigungen gab man sich zur Tiefwinterzeit hin, aber insbesondere wurden solche Dinge gepflegt, allerdings in der alten primitiven Form, die dann zu einer gewissen primitiven plastischen Kunst führten.

Bei diesen alten Bewußtseinsformen war nämlich das Eigentümliche – so paradox es wieder für den heutigen Menschen klingt – das Folgende: Wenn der Oktober heranrückte, so machte sich in den menschlichen Gliedern etwas geltend, was nach irgendeiner Betätigung strebte. Im Sommer mußte der Mensch sich im Bewegen seiner Glieder dem fügen, was der Acker von ihm forderte; er mußte die Hand an den Pflug legen, er mußte das oder jenes tun. Da mußte er sich an die Außenwelt anpassen. Wenn die Ernte vorüber war und die Glieder ausruhten, dann regte sich in ihnen das Bedürfnis nach irgendeiner Betätigung, und dann bekamen die Glieder die Sehnsucht, zu kneten. Man hatte an allem plastischen Bilden seine besondere Befriedigung. So wie zur Johannizeit ein intensiver Trieb nach Tanz, nach Musik auftauchte, so tauchte gegen die Weihnachtszeit hin ein intensiver Trieb auf, zu kneten, zu bilden, aus allerlei weichen Massen, die da waren, zu bilden, auch alles Natürliche dazu benützend. Namentlich hatte man eine feine Empfindung für die Art und Weise, wie zum Beispiel das Wasser anfing zu gefrieren. Da gab man ganz besondere Impulse. Man stieß nach dieser oder jener Richtung. Dabei bekamen die Eisformen, die sich im Wasser bildeten, eine besondere Gestalt, und man brachte es dahin, daß man, mit der Hand im Wasser drinnen, Formen ausführte, während einem die Hand erstarrte, so daß dann, wenn das Wasser gefror unter den Wellen, die man da aufwarf, das Wasser die sonderbarsten künstlerischen Formen annahm, die dann natürlich wiederum zerschmolzen.

Von alledem ist ja nichts mehr geblieben im intellektualistischen Zeitalter als höchstens das Bleigießen in der Silvesternacht. Da wird noch Blei in das Wasser hineingegossen, und man findet, daß es Formen annimmt, die man dann erraten soll. Aber das ist das letzte abstrakte Überbleibsel von jenen wunderbaren Betätigungen der inneren menschlichen Triebkraft in der Natur, die sich zum Beispiel so äußerte, wie ich es beschrieben habe: daß der Mensch die Hand in das Wasser steckte, das schon im Gefrieren war, daß er die Hand erstarrt bekam und nun probierte, wie er das Wasser in Wellen formte, so daß das gefrierende Wasser dann mit den wunderbarsten Gestalten antwortete.

Der Mensch bekam auf diese Weise die Fragen heraus an die Erde. Durch die Musik, durch die Poesie wandte er sich in der Hochsommerzeit mit seinen Fragen an die Himmel, und die antworteten ihm, indem sie ihm das Ich-Gefühl hereinsandten in sein träumendes Bewußtsein. In der Tiefwinterzeit wandte er sich für das, was er jetzt wissen wollte, nun nicht hinaus an die Himmel, sondern er wandte sich an das irdische Element, und er probierte, was das irdische Element für Formen annehmen kann. Und an diesem merkte er, daß die Formen, die da herauskamen, sich in einer gewissen Weise ähnlich verhielten den Formen, welche die Käfer, die Schmetterlinge bildeten. Das ergab sich für seine Anschauung. Aus der Plastik, die er herausholte aus dem Naturwirken der Erde, ergab sich für ihn die Anschauung, daß überhaupt aus dem irdischen Elemente die verschiedenen Tierformen herausgebildet werden. Zur Weihnachtszeit verstand der Mensch die Tierformen. Und indem er arbeitete, seine Glieder anstrengte, sogar ins Wasser sprang, gewisse Beinbewegungen machte, dann heraussprang und probierte, wie das Wasser antwortete, das erstarrende Wasser, da merkte er an der Außenwelt, welche Gestalt er als Mensch selber hat. Das war aber nur zur Weihnachtszeit, nicht sonst; sonst hatte er nur für das Tierische, für das Rassenhafte eine Empfindung. Zur Weihnachtszeit kam er dann auch an das Erleben der menschlichen Gestalt heran.

So wie also in jenen alten Mysterienzeiten vermittelt wurde das Ich-Bewußtsein von den Himmeln herein, so wurde die menschliche Gestaltempfindung vermittelt aus der Erde heraus. Der Mensch lernte zur Weihnachtszeit die Erde in ihrer Formkraft, in ihrer plastisch bildnerischen Kraft kennen und lernte erkennen, wie ihm die Sphärenharmonien sein Ich hereinklangen in sein Traumbewußtsein zur Johannizeit im Hochsommer. Und so erweiterten zu besonderen Festeszeiten die alten Mysterien das Menschenwesen. Auf der einen Seite wuchs die Umgebung der Erde in den Himmel hinaus, damit der Mensch wissen konnte, wie die Himmel sein Ich in Schutz halten, wie da sein Ich ruht. Und zur Weihnachtszeit ließen die Mysterienlehrer die Erde auf die Anfrage der Menschen auf dem Wege durch das plastische Bilden antworten, damit der Mensch da allmählich das Interesse bekam für die menschliche Gestalt, für das Zusammenfließen aller tierischen Gestalt in die menschliche Gestalt. Der Mensch lernte sich innerlich seinem Ich nach in der Hochsommerzeit kennen; der Mensch lernte sich äußerlich in bezug auf seine Menschenbildung erfühlen in der tiefen Winterzeit. Und so war das, was der Mensch als sein Wesen empfand, wie er sich eigentlich fühlte, nicht allein zu erlangen dadurch, daß man einfach Mensch war, sondern daß man mit dem Jahreslauf mitlebte, daß einem, um zum Ich-Bewußtsein zu kommen, die Himmel die Fenster öffneten, daß, um zum Bewußtsein der menschlichen Gestalt zu kommen, die Erde gewissermaßen ihre Geheimnisse entfaltete. Da war der Mensch eben innig, intim verbunden mit dem Jahreslaufe, so intim verbunden, daß er sich sagen mußte: Ich weiß ja von dem, was ich als Mensch bin, nur dann, wenn ich nicht stumpf dahinlebe, sondern wenn ich mich erheben lasse im Sommer zu den Himmeln, wenn ich mich einsenken lasse im Winter in die Erdenmysterien, in die Erdengeheimnisse.

Sie sehen daraus, daß es einmal schon so war, daß die Festeszeiten in ihren Verrichtungen eben als etwas aufgefaßt wurden, das zum menschlichen Leben gehört. Der Mensch fühlte sich nicht nur als Erdenwesen, sondern er fühlte sich als Wesen, das der ganzen Welt angehörte, das ein Bürger der ganzen Welt war. Ja, er fühlte sich so wenig als Erdenwesen, daß er auf das, was er durch die Erde selbst war, eigentlich erst aufmerksam gemacht werden mußte durch Feste, die nur zu einer bestimmten Jahreszeit begangen werden konnten, weil zu andern Jahreszeiten die Menschen, die mehr oder weniger den Jahreslauf erlebten, es gar nicht hätten miterleben können. Es war eben alles, was man durch Feste erfahren und miterleben konnte, an die betreffende Jahreszeit gebunden.

In dieser Weise, wie es einmal in primitiven Zeiten war, kann der Mensch, nachdem er seine Freiheit im intellektualistischen Zeitalter errungen hat, gewiß nicht wiederum zum Miterleben mit dem Kosmos kommen. Aber er kann dazu kommen auch mit seiner heutigen Konstitution, wenn er sich wiederum einläßt auf das Geistige. In dem Ich-Bewußtsein, das ja jetzt die Menschheit schon lange hat, ist etwas eingezogen, was früher nur durch das Himmelsfenster im Sommer zu erlangen war. Aber deshalb muß der Mensch sich gerade etwas anderes, was wiederum über das Ich hinausliegt, durch das Verständnis des Kosmos aneignen.

Es ist heute dem Menschen natürlich, von der menschlichen Gestalt im allgemeinen zu sprechen. Wer in das intellektualistische Zeitalter eingetreten ist, hat nicht mehr ein so starkes Gefühl von dem Tierisch-Rassenhaften. Aber wie das früher als eine Kraft, als ein Impuls, der nur aus der Erde heraus gesucht werden konnte, über den Menschen gekommen ist, so muß heute durch das Verständnis der Erde, das nicht durch Geologie oder Mineralogie, sondern wiederum nur auf geistige Art gegeben werden kann, der Mensch wiederum zu etwas anderem kommen als bloß zur menschlichen Gestalt.

Tafel 7

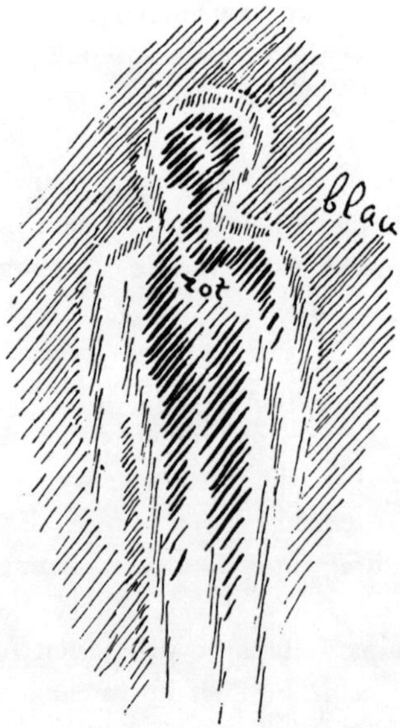

Wenn man die menschliche Gestalt nimmt, so kann man sagen: In sehr alten Zeiten hat der Mensch sich innerhalb dieser Gestalt so gefühlt, daß er nur das Äußerlich-Rassenhafte, das im Blute liegt, fühlte, daß er nicht bis zu der Haut hin empfunden hat (siehe Zeichnung, rot); er war nicht aufmerksam auf die Grenze. Heute ist der Mensch so weit, daß er auf die Umgrenzung aufmerksam ist. Er empfindet die Umgrenzung als das eigentlich Menschliche an seiner Gestalt.

Aber der Mensch muß nun über sich hinauskommen. Er muß das Ätherisch-Astralische außer sich kennenlernen (blau). Das kann er eben durch geisteswissenschaftliche Vertiefung.

So sehen wir, daß das gegenwärtige Bewußtsein dadurch erkauft worden ist, daß allerdings vieles von dem Zusammenhang des Bewußtseins mit dem Kosmos verlorengegangen ist; aber nachdem der Mensch einmal zum Erleben dessen gekommen ist, was seine Freiheit und seine Gedankenwelt ist, muß er wiederum hinauskommen und muß kosmisch erleben. Das ist dasjenige, was die Anthroposophie will, wenn sie so von einer Erneuerung der Feste spricht, ja gar von dem Kreieren von Festen wie dem Michaelfest im Herbste, von dem neulich gesprochen worden ist. Man muß wiederum ein inneres Verständnis dafür haben, was in dieser Beziehung der Jahreslauf dem Menschen sein kann. Und er wird dann etwas Höheres sein können, als er einstmals in der geschilderten Weise dem Menschen war.

FÜNFTER VORTRAG

Dornach, 8. April 1923

Um die Betrachtung, die ich gestern hier angestellt habe über jenes Verhältnis, das sich in alten Zeiten unter dem Einfluß der Mysterien zwischen dem Menschen und dem Naturlauf ausgebildet hatte, auf einen noch weiteren Horizont zu bringen, will ich heute eingehen auf dasjenige, was in jenen alten Zeiten geglaubt worden ist in bezug auf alles, was man durch diesen Naturlauf als Mensch von dem Weltenall empfing. Sie haben ja aus dem gestrigen Vortrage entnehmen können – auch vielleicht in Erinnerung an manches, was ich über solche Dinge um die letzte Weihnachtszeit noch in dem uns nun entrissenen Goetheanum ausführen konnte –, daß der Jahreslauf in seinen Erscheinungen empfunden wurde, ja auch heute noch empfunden werden kann als ein Lebensablauf, als etwas, was in bezug auf den äußeren Verlauf ebenso der Ausdruck eines dahinterstehenden lebendigen Wesens ist, wie die Äußerungen des menschlichen Organismus solche Offenbarungen eines Wesens, der menschlichen Seele selber sind.

Erinnern wir uns daran, wie die Menschen unter diesem alten Mysterieneinfluß zur Hochsommerzeit, zu der Zeit, die wir heute als die Johannizeit empfinden, ein gewisses Verhältnis zu ihrem Ich empfunden haben; zu demjenigen Ich aber, das sie dazumal noch nicht sich selbst ausschließlich zuschrieben, sondern das sie noch versetzten in den Schoß des Göttlich-Geistigen. Diese Menschen glaubten eben, daß sie durch alle diese Verrichtungen, die ich geschildert habe, sich während der Hochsommerzeit ihrem Ich näherten, das sich durch den übrigen Jahreslauf hindurch vor den Menschen verbirgt. Natürlich dachten sich die Menschen als ganzes Wesen überhaupt im Schoße des Göttlich-Geistigen befindlich. Allein sie dachten, während der übrigen Dreiviertel des Jahres offenbart sich ihnen nichts von dem, was zu ihnen als ihr Ich gehört; nur in diesem einen Viertel, das seinen Höhepunkt zur Johannizeit hatte, da offenbart sich ihnen gewissermaßen durch ein Fenster, das hereinerrichtet war aus der göttlich-geistigen Welt, die Wesenheit ihres eigenen Ich.

Nun wurde aber diese Wesenheit des eigenen Ich innerhalb der göttlich-geistigen Welt, in der sie sich offenbarte, nicht in einem so neutralen, gleichgültigen, ja, man kann schon sagen phlegmatischen Erkenntniswege gedacht, wie das heute der Fall ist. Wenn heute von dem Ich gesprochen wird, so denkt ja der Mensch eigentlich dabei kaum irgendwelche wirkliche Beziehung zu dieser oder jener Welt. Er denkt sich das Ich gewissermaßen als einen Punkt, von dem ausstrahlt, was er tut, in den einstrahlt, was er erkennt. Aber es ist durchaus eine Art phlegmatischer Empfindung, die der Mensch heute gegenüber seinem Ich hat. Man kann nicht einmal sagen, daß der heutige Mensch in seinem Ich, trotzdem dieses ja das Ego ist, den eigentlichen Egoismus empfindet; denn wenn er ehrlich sein will, kann er sich ja gar nicht sagen, er habe sein Ich besonders gern. Er hat seinen Leib gern, er hat seine Instinkte gern, er hat diese oder jene Erlebnisse gern. Aber das Ich ist ja nur ein Wörtchen, das als Punkt empfunden wird, und in dem eben all das Angedeutete so mehr oder weniger zusammengefaßt wird. Aber in jener Zeit, in der die Annäherung an dieses Ich festlich begangen wurde, in der man schon lange Vorbereitungen machte, um gewissermaßen sein Ich im Weltenall zu treffen, in der Zeit, in der man dann wiederum empfand, wie dieses Ich sich allmählich zurückzog und den Menschen mit seinem leiblich-seelischen Wesen – was wir heute nennen würden physisch-ätherisch-astralisches Wesen – allein ließ, in jener Zeit empfand man das Ich wirklich in Beziehung zu dem ganzen Kosmos, zu der ganzen Welt.

Aber was man vor allen Dingen empfand gegenüber diesem Ich in seinem Verhältnis zur Welt, das war nicht etwas Naturalistisches, wenn wir das heutige Wort gebrauchen, das war nicht etwas, was nur als äußere Erscheinung aufgefaßt wurde, sondern es war etwas, was im wesentlichen als der Mittelpunkt der alten, der uralten moralischen Weltanschauung galt. Man nahm nicht an, daß dem Menschen große Naturgeheimnisse geoffenbart wurden in dieser Zeit. Gewiß, solche Naturgeheimnisse – wir haben sie gestern ausgesprochen –, auf die achtete der Mensch nicht in allererster Linie damals, sondern er hatte die Empfindung, daß vor allen Dingen dasjenige, was er als moralische Impulse in sich aufnehmen soll, sich in dieser Hochsommerzeit offenbart, in der Licht und Wärme ihren höchsten Stand erreichen. Es war die Zeit, die der Mensch empfand als die göttlich-moralische Erleuchtung. Und was man vor allen Dingen als Antwort von den Himmeln erhalten wollte durch die musikalischen, poetischen, tänzerischen Aufführungen, die damals gepflegt wurden, was man erwartete, das war, daß sich offenbarte aus den Himmeln in allem Ernste dasjenige, was die Himmel in moralischer Beziehung von den Menschen verlangten.

Wenn es sich einmal zutrug, daß alle diese Verrichtungen gepflogen wurden, die ich gestern beschrieben habe, daß in schwüler Sommerzeit diese Feste gefeiert wurden und dann ein mächtiges Gewitter hereinbrach mit Blitz und Donner, dann fühlte man gerade in dem Hereinbrechen von Blitz und Donner die moralische Ermahnung der Himmel an die Erdenmenschheit. Aus diesen alten Zeiten ist zurückgeblieben, was sich etwa in der Anschauung über den Zeus findet, daß er der Donnergott ist, der Gott, der mit dem Blitze ausgestattet ist. Ähnliches knüpft sich an den deutschen Donar-Gott an. Das auf der einen Seite, und auf der andern Seite das Folgende.

Man empfand ja da, ich möchte sagen, die in sich gesättigte, warme, leuchtende Natur, man empfand dasjenige, was leuchtende, wärmende Natur während des Tages war, auch in die Nachtzeit hinein und man machte nur den Unterschied, daß man sich sagte: Während des Tages ist die Luft angefüllt mit dem Wärmeelemente, mit dem Lichtelemente. Da weben und leben im Wärme- und im Lichtelemente die geistigen Boten, durch die sich die höheren göttlichen Wesenheiten den Menschen kundgeben wollen, sie ausstatten wollen mit moralischen Impulsen. Aber des Nachts, wenn sich zurückziehen die höheren geistigen Wesenheiten, dann bleiben die Boten und offenbaren sich auf ihre Weise. – Und so empfand man besonders zu dieser Hochsommerzeit das Walten und Weben der Natur in den Sommernächten, in den Sommerabenden. Und was man da erlebte, war einem etwas wie ein in der Wirklichkeit erlebter Sommertraum, ein Sommertraum, durch den man sich der göttlich-geistigen Welt besonders genähert hatte; ein Sommertraum, von dem man überzeugt war, daß da alles, was Naturerscheinung war, zu gleicher Zeit moralische Sprache der

Götter war, daß da aber auch allerlei Elementarwesen wirkten und sich auf ihre Art den Menschen zeigten.

Alles, was die Ausschmückung des Sommernachtstraumes, des Johanninachtstraumes ist, das ist dasjenige, was später geblieben ist von den wunderbaren Ausgestaltungen, welche die menschliche Imagination einmal vollzog für alles das, was geistig-seelisch diese Hochsommerzeit durchzog, was aber im großen und kleinen genommen wurde als eine geistig-göttlich-moralische Offenbarung des Kosmos an die Menschen. Und so dürfen wir sagen, daß die Vorstellung, die da zugrunde lag, diese war: In der Hochsommerzeit offenbarte sich die göttlich-geistige Welt durch moralische Impulse, die den Menschen eingepflanzt wurden in Erleuchtung (siehe Schema Seite 76). Und was Tafel 8
man da ganz besonders empfand, was da wirkte auf die Menschen, das empfand man als ein, ich möchte sagen, Übermenschliches, das hereinspielte in die menschliche Ordnung. Der Mensch wußte aus dem Mitempfinden dieser Festlichkeiten, die da gefeiert wurden, daß er, so wie er nun einmal in jener Zeit war, über sich selber hinausgehoben wurde ins Übermenschliche, daß gewissermaßen die Gottheit die ihr von dem Menschen zu dieser Zeit entgegengestreckte Hand nahm. Alles, was man glaubte göttlich-geistig zu haben, das schrieb man den Offenbarungen dieser Johannizeit zu.

Wenn nun der Sommer zu Ende ging und die Herbsteszeit heraufkam, wenn die Blätter welk wurden, die Saaten reiften, wenn also das volle strotzende Leben des Sommers bleichte, die Bäume kahl wurden, dann empfand man, weil überall in diese Empfindungen hineingeströmt wurden die Erkenntnisse der Mysterien: Die göttlich-geistige Welt zieht sich wiederum von dem Menschen zurück. Er spürt, wie er auf sich selbst zurückgewiesen wird; er wächst gewissermaßen aus dem Geistigen heraus in die Natur hinein. – So empfand der Mensch dieses Hineinleben in den Herbst als ein Herausleben aus dem Geistigen, als ein Hineinleben in die Natur. Die Blätter der Bäume mineralisierten sich, die Saaten wurden dürr, mineralisierten sich. Alles neigte sich gewissermaßen nach dem Jahrestode der Natur hin.

In diesem Verwobensein mit dem Mineralischwerden dessen, was auf Erden war und die Erde umgab, empfand man ein Verwoben-

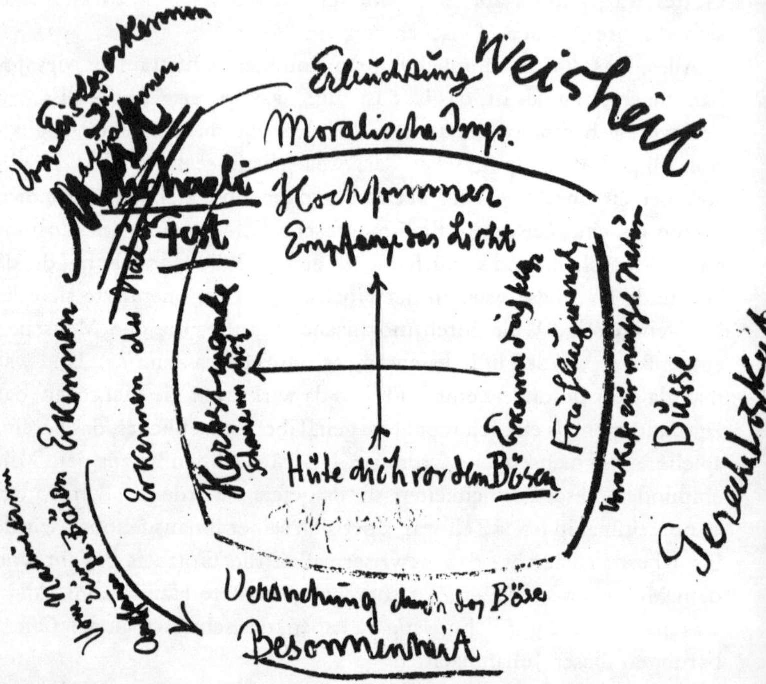

werden des Menschen selber mit der Natur. Der Mensch stand dazumal in seinem inneren Erleben noch näher dem, was sich äußerlich zutrug. Und so dachte er auch, sann er auch in dem Sinne, wie er dieses Verwobenwerden mit der Natur erlebte. Sein ganzes Denken nahm diesen Charakter an. Würden wir heute in unserer Sprache das ausdrücken wollen, was da der Mensch empfand, wenn der Herbst kam, so müßten wir folgendes sagen. Ich bitte Sie aber, die Sache so aufzufassen, daß ich mit heutigen Worten spreche, daß man also dazumal natürlich nicht in der Lage gewesen wäre, so zu sprechen. Dazumal war ja alles durchaus Empfindung, man charakterisierte die Dinge ja nicht denkend. Wenn man aber in heutigen Worten, in unseren Worten sprechen wollte, so müßte man sagen: Der Mensch empfand diesen Übergang so, daß er mit seiner Denkrichtung, mit seiner Empfindungsart den Übergang fand vom Geisteserkennen zum Naturerkennen (siehe Schema Seite 76). Das empfand der Mensch, daß er gegen den Herbst zu nicht mehr im Geist-Erkennen war, sondern daß der Herbst von ihm verlangte, daß er die Natur erkennen sollte. So daß wir bei der Herbstwende nicht mehr die moralischen Impulse haben, sondern das Erkennen der Natur. Der Mensch fing an, über die Natur nachzudenken. Tafel 8

So war es auch in der Zeit, als man damit rechnete, daß der Mensch ein Geschöpf, ein Wesen innerhalb des Kosmos war. In jener Zeit hätte man es als einen Unsinn betrachtet, im Sommer Naturerkennen in der damaligen Form an den Menschen heranzubringen. Der Sommer ist da, um den Menschen in Beziehung zum Geistigen der Welt zu bringen. Wenn die Zeit begann, die wir heute die Michaelizeit nennen würden, da war es, daß man sagte: Aus alledem, was der Mensch um sich herum empfindet in den Wäldern, in den Bäumen, in den Pflanzen, da wird er angeregt, Naturerkenntnis zu treiben. – Es war überhaupt die Zeit, in welcher die Menschen dazu kommen sollten, Erkenntnis, Nachdenklichkeit zu ihrer Beschäftigung zu machen. Es war ja auch die Zeit, wo das die äußeren Lebensverhältnisse möglich machten. Also es ging über das menschliche Leben von der Erleuchtung in das Erkennen. Es war die Zeit der Erkenntnis, der immer sich steigernden Erkenntnis.

Wenn die Mysterienschüler ihren Unterricht empfingen von den Mysterienlehrern, dann gaben ihnen diese solche Sprüche mit, wie wir sie dann in den Sprüchen der griechischen Weisen irgendwie wieder nachgebildet finden. Aber es sind diese sieben Sprüche der sieben griechischen Weisen nicht die der ursprünglichen Mysterien. In den ursprünglichen Mysterien gab es für den Hochsommer den Spruch:

Empfange das Licht

und man bezeichnete mit dem Lichte eigentlich die geistige Weisheit. Man bezeichnete dasjenige, innerhalb dessen das eigene menschliche Ich strahlte.

Für den Herbst wurde der Spruch geprägt in den Mysterien, um zu ermahnen zu dem, was getrieben werden sollte von den Seelen:

Schaue um dich.

Nun näherte sich dann die Entwickelung des Jahres und damit auch dasjenige, was der Mensch in sich selber von sich verbunden mit diesem Jahre fühlte, es näherte sich das der Winterzeit. Wir kommen in den Tiefwinter hinein, der unsere Weihnachtszeit enthält. Ebenso wie sich der Mensch in der Hochsommerzeit über sich hinausgehoben fühlte zu dem göttlich-geistigen Dasein des Kosmos, so fühlte sich der Mensch in der Tiefwinterzeit wie unter sich herunterentwickelt. Er fühlte sich gewissermaßen wie von den Kräften der Erde umspült, von den Kräften der Erde mitgenommen. Er fühlte so etwas, wie wenn seine Willensnatur, seine Instinkt- und Triebnatur durchsetzt und durchströmt wäre von Schwerkraft, von Zerstörungskraft und andern Kräften, die in der Erde sind. Der Mensch fühlte den Winter nicht so in diesen alten Zeiten, wie wir ihn fühlen, daß uns bloß kalt wird und daß wir zum Beispiel Stiefel anziehen, damit uns nicht kalt wird, sondern der Mensch fühlte das, was von der Erde heraufkam, als etwas, was sich jetzt mit seinem eigenen Wesen vereinigte. Er fühlte sozusagen den Gegensatz des schwülen, des lichtvollen Elementes als ein frostiges Element, das heraufkam. Das Frostige, das fühlen wir ja auch noch heute, denn das bezieht sich auf die Körperlichkeit, aber der alte Mensch fühlte seelisch als Begleiterscheinung des Frostigen das Dunkle, das Finstere. Er fühlte gewissermaßen, als ob sich überall, wo er ging, aus der Erde heraus das Finstere höbe und ihn wolkenförmig einschlösse, nur bis zu seiner Körpermitte herauf allerdings, aber so fühlte der Mensch. Und dann sagte er sich – ich muß das wiederum mit etwas neueren Worten charakterisieren –, dann sagte sich der Mensch: Während des Hochsommers stehe ich der Erleuchtung gegenüber, da strömt in diese Erdenwelt herein, was himmlisch-überirdisch ist, jetzt strömt das Irdische herauf.

Aber etwas vom Irdischen hat der Mensch schon während der Herbstwende erlebt und empfunden. Da hat er aber von der Erdennatur etwas erlebt und empfunden, was ihm gewissermaßen noch konform war, was noch etwas mit ihm zu tun hatte. Wir könnten etwa auch sagen: Der Mensch fühlte in der Herbstwende das Natürliche in seinem Gemüte, in seiner Gefühlswelt. Jetzt aber fühlte er, wie wenn die Erde ihn in Anspruch nähme, wie wenn er umgarnt würde von den

Kräften der Erde in bezug auf seine Willensnatur. Das fühlte er wie das Gegenteil der moralischen Weltordnung. Er fühlte zugleich mit dieser Schwärze, die ihn wolkenförmig einhüllte, die Gegenkräfte gegen das Moralische ihn umgarnen. Er fühlte die Finsternis schlangenförmig aus der Erde aufsteigen und ihn umwinden. Aber er fühlte zu gleicher Zeit mit diesem noch etwas anderes. Schon während des Herbstes hatte er gefühlt, daß sich etwas regt, was wir heute Verstand nennen. Während im Sommer der Verstand ausdünstet und von außen herein das Moralisch-Weisheitsvolle kommt, konsolidiert sich während des Herbstes der Verstand. Der Mensch nähert sich dem Bösen, aber sein Verstand konsolidiert sich. Man hat durchaus etwas wie eine Schlangenoffenbarung gefühlt in der Tiefwinterzeit, aber zugleich das Konsolidieren, das Stärkerwerden der Klugheit, des Nachdenklichen, dessen, was den Menschen schlau und listig machte, was ihn dazu anspornte, die Nützlichkeitsprinzipien im Leben zu verfolgen. Das alles empfand man in dieser Weise. Und so wie im Herbste allmählich die Erkenntnis der Natur heraufkam, so kam in der Tiefwinterzeit heran an die Menschen die Versuchung der Hölle, die Versuchung von seiten des Bösen. So empfand man das. So daß, wenn wir hier schreiben (siehe Schema Seite 76): Moralischer Impuls, Erkennen der Natur –, wir nun hier, bei Tiefwinter, schreiben müssen: Versuchung durch das Böse. Tafel 8

Und das war eben die Zeit, in der der Mensch entwickeln mußte, was sich in ihm ja ohnedies naturhaft zusammenschloß: das Verstandesmäßige, das Schlaue, das Listige, das auf das Nützliche Gerichtete. Das sollte der Mensch bezwingen durch die Besonnenheit. Es war die Zeit eben, in der der Mensch entwickeln mußte nun nicht den offenen Sinn für die Weisheit, den man von ihm im Sinne der alten Mysterienweisheit verlangte während der Zeit der Erleuchtung. Gerade in der Zeit, in der sich das Böse in der angedeuteten Weise offenbarte, konnte der Mensch den Widerstand gegen das Böse in entsprechender Weise empfinden: er sollte besonnen werden. Er sollte vor allen Dingen jetzt bei dieser Wendung, die er da durchmachte, während er von der Erleuchtung zum Erkennen übergegangen war, eben vom Geisteserkennen zum Naturerkennen, jetzt übergehen vom Naturerkennen zur Anschauung des Bösen. So faßte man das auf. Und den Schülern der Mysterien, denen man Lehren geben wollte, die ihnen Geleitworte sein konnten, wie man ihnen im Hochsommer sagte: Empfange das Licht –, wie man ihnen im Herbst sagte: Schaue um dich –, ihnen sagte man im Tiefwinter:

Hüte dich vor dem Bösen.

Und man rechnete darauf, daß durch diese Besonnenheit, durch dieses Sich-Hüten vor dem Bösen die Menschen zu einer Art von Selbsterkenntnis kommen, die sie dann dazu führt, einzusehen, wie sie im Jahreslaufe abgewichen waren von den moralischen Impulsen.

Das Abweichen von den moralischen Impulsen durch das Anschauen des Bösen, seine Überwindung durch die Besonnenheit, das sollte den Menschen gerade in der Zeit, die auf die Tiefwinterzeit folgte, zum Bewußtsein kommen. Deshalb wurde in diese Weisheit allerlei aufgenommen, was die Menschen anleitete, Buße zu tun für dasjenige, wovon sie eingesehen hatten, daß es abweichend war von dem, was sie an moralischen Impulsen durch die Erleuchtung bekommen hatten.

Wir nähern uns dem Frühling, der Frühlingswende. Und ebenso
Tafel 8 wie wir hier (siehe Schema Seite 76: Hochsommer, Herbst, Tiefwinter) die Erleuchtung haben, das Erkennen, die Besonnenheit, so haben wir für die Frühlingswende dasjenige, was empfunden wurde als Bußetätigkeit. Und an die Stelle des Erkennens, beziehungsweise der Versuchung durch das Böse, trat jetzt etwas, was man nennen konnte die Umkehr, die Wiederhinwendung zu seiner höheren Natur durch die Buße. Haben wir hier geschrieben: Erleuchtung, Erkennen, Besonnenheit –, so müssen wir hier schreiben: Umkehr zur menschlichen Natur.

Wenn Sie noch einmal zurückblicken zu dem, was in der Tiefwinterzeit die Zeit der Versuchung durch das Böse war, so werden Sie sagen müssen: Da fühlte sich eben der Mensch wie versenkt in die Klüfte der Erde. Er fühlte sich umgarnt von der Erdenfinsternis. Da war es, wo gerade so, wie er gewissermaßen während der Hochsommerzeit aus sich herausgerissen war, wie sein Seelisches über ihn selbst erhoben wurde, wo sich jetzt innerlich, um nicht umgarnt zu werden von dem Bösen während der Tiefwinterzeit, das Seelische frei machte. Dadurch war während der Tiefwinterzeit, ich möchte sagen, ein Gegenbild da zu dem, was in der Hochsommerzeit da war.

In der Hochsommerzeit sprachen die Naturerscheinungen auf geistige Art. Man suchte in Blitz und Donner insbesondere die Sprache der Himmel. Man blickte auf die Naturerscheinungen hin, aber man suchte in den Naturerscheinungen geistige Sprache. Selbst in den Kleinigkeiten suchte man in der Johannizeit die geistige Sprache der Elementarwesen, aber außerhalb. Man träumte gewissermaßen außerhalb des Menschen.

In der Tiefwinterzeit nun versenkte man sich in sich und träumte innerhalb des Menschen. Indem man sich losriß von der Umgarnung der Erde, träumte man innerhalb des Menschen, wenn man sein Seelisches losreißen konnte. Und von diesem ist geblieben dasjenige, was sich knüpft an die Schauungen, an das innere Schauen der dreizehn Nächte nach der Wintersonnenwendezeit. Es sind überall an diese alten Zeiten Erinnerungen zurückgeblieben. Sie können geradezu das norwegische Olaf-Lied als eine spätere Ausbildung dessen ansehen, was in alten Zeiten in ganz besonderem Maße vorhanden war.

Dann nahte die Frühlingszeit. Heute hat sich die Sache etwas verschoben; die Frühlingszeit war damals mehr gegen den Winter zugeneigt. Überhaupt wurde das Ganze angesehen als in drei Jahresperioden gelegt. Es wurden auch die Dinge zusammengeschoben, aber dennoch, das, was ich Ihnen hier mitteile, wurde wiederum gelehrt. So wie man zur Hochsommerzeit sagte: Empfange das Licht –, zur Herbsteszeit, zur Michaelizeit: Schaue um dich –, so wie man in der Tiefwinterzeit, in derjenigen Zeit, wo wir das Weihnachtsfest haben, sagte: Hüte dich vor dem Bösen –, so hatte man für die Zeit der Umkehr einen Spruch, der nur für diese Zeit dazumal als wirksam gedacht worden ist:

Erkenne dich selbst

gerade gegenübergestellt dem Erkennen der Natur.

Hüte dich vor dem Bösen – könnte man auch so aussprechen. Hüte dich, zucke zurück vor dem Erdendunkel. – Aber das hat man nicht gesagt. Während man zur Hochsommerzeit die äußere Naturerscheinung des Lichtes für die Weisheit nahm, also zur Hochsommerzeit gewissermaßen auf naturhafte Weise sprach, so würde man den Spruch zur Winterzeit nicht hineingegossen haben in den Satz: Hüte dich vor der Finsternis –, sondern da sprach man die moralische Deutung aus: Hüte dich vor dem Bösen.

Überall sind dann die Anklänge an diese Feste geblieben, soweit man die Dinge verstanden hat. Natürlich ist alles anders geworden, als das große Ereignis von Golgatha eintrat. In die Zeit der tiefsten Menschenversuchung, in die Winterzeit hinein fiel die Geburt Jesu. Die Geburt Jesu fiel in die Zeit, in der der Mensch eben umklammert war von den Erdenmächten, gewissermaßen hinunterversenkt war in die Erdenklüfte. Sie finden unter den Sagen, die sich anschließen an die Geburt Jesu, auch eine, welche davon spricht, daß Jesus in einer Höhle zur Welt gekommen sei, womit eben hingedeutet wird auf etwas, was als Weisheit in den alleraltesten Mysterien empfunden wurde: daß der Mensch da dasjenige, was er zu suchen hat, finden könne trotz seiner Umklammerung von dem Irdisch-Finsteren, das zugleich die Gründe enthält, warum der Mensch dem Bösen verfallen kann. Und ein Anklang an all das ist dann, daß in die Zeit, wo der Frühling herannaht, die Bußezeit gelegt wird.

Für das Hochsommerfest ist natürlich das Verständnis noch mehr geschwunden als für die andere Seite des Jahreslaufes. Denn je mehr der Materialismus über die Menschheit hereinbrach, desto weniger fühlte man sich hingezogen zur Erleuchtung oder dergleichen. Und was für die gegenwärtige Menschheit von ganz besonderer Wichtigkeit ist, das ist eben diejenige Zeit, die von der Erleuchtung, die zunächst den Menschen noch unbewußt bleibt, hinführt gegen die Herbsteszeit hin. Da liegt der Punkt, wo der Mensch, der ja in das Naturerkennen hinein muß, im Naturerkennen das Abbild eines Gottgeist-Erkennens erfassen soll. Dafür gibt es kein besseres Erinnerungsfest als das Michaeli-Fest. Von diesem muß ausgehen, wenn es in der richtigen Weise gefeiert wird, die allmenschliche Erfassung der Frage: Wie wird in dem gloriosen Naturerkennen der Gegenwart die Geist-Erkenntnis gefunden, wie metamorphosiert man die Naturerkenntnisse so, daß aus dem, was der Mensch als Naturerkenntnisse hat, ihm

VON DER NATURERKENNTNIS
ZUR GEISTERKENNTNIS

die Geist-Erkenntnis wird? – Wie wird, mit andern Worten, dasjenige besiegt, was, wenn es in sich verläuft, den Menschen mit dem Untermenschlichen umgarnen müßte?

Eine Wendung muß eintreten. Das Michaeli-Fest muß einen bestimmten Sinn bekommen. Der Sinn ergibt sich dann, wenn man das Folgende empfinden kann: Die Naturwissenschaft hat den Menschen dazu geführt, die eine Seite der Weltentwickelung zu erkennen, zum Beispiel, daß sich aus niederen tierischen Organismen höhere, vollkommenere und so weiter bis herauf zum Menschen ergeben haben im Laufe der Zeit, oder daß der Mensch während der Keimesentwickelung im Mutterleibe die Tierformen nacheinander durchmacht. Das ist aber nur die eine Seite. Die andere Seite ist die, welche vor unsere Seele tritt, wenn wir uns sagen: Der Mensch hat sich aus seiner ursprünglich göttlich-menschlichen Anlage herausentwickeln müssen. Wenn dieses (siehe Zeichnung) die ursprüngliche menschliche Anlage ist (hell schraffiert), so hat sich herausentwickeln müssen der Mensch zu seiner heutigen Entfaltung. Er hat nach und nach von sich abstoßen müssen zuerst die niederen Tiere, dann immer weiter und weiter alles das, was an Tierformen da ist. Das hat er überwunden, von sich herausgesetzt, abgestoßen (dunkel schraffiert). Dadurch ist er zu

Tafel 9

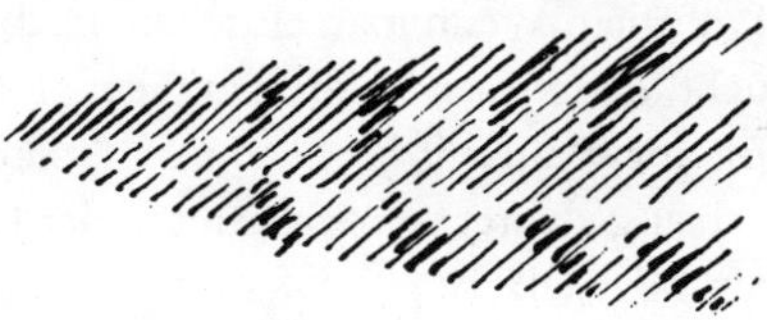

seiner ursprünglichen Bestimmung gekommen. Ebenso ist es bei seiner Embryonalentwickelung. Der Mensch stößt nach und nach alles ab, was er nicht sein soll. Dadurch aber bekommen wir den eigentlichen Sinn der heutigen Naturerkenntnis nicht. Was ist der Sinn der heutigen Naturerkenntnis? Der liegt in dem Satze: Du schaust in dem, was dir Naturerkenntnis zeigt, dasjenige, was du von der Menschenerkenntnis ausschließen mußt. – Was heißt das? Das heißt: Der Mensch muß heute Naturwissenschaft studieren. Warum? Wenn er in das Mikroskop hineinsieht, so weiß er, was nicht Geist ist. Wenn er durch das Teleskop in die Ferne des Weltenraumes sieht, so offenbart sich ihm dasjenige, was nicht Geist ist. Wenn er auf eine andere Weise im physikalisch-chemischen Laboratorium experimentiert, offenbart sich ihm, was nicht Geist ist. In seiner reinen Gestalt offenbart sich ihm alles, was nicht Geist ist.

In alten Zeiten haben die Menschen, wenn sie angeschaut haben, was heute Natur ist, noch den Geist durchscheinen gesehen. Heute müssen wir die Natur erkennen, um eben sagen zu können: Das alles ist nicht Geist, das ist Winterweisheit. Und alles, was Sommerweisheit ist, das muß andere Gestalt haben. – Damit der Mensch den Stoß bekommt, den Impuls bekommt zum Geist, muß er das Ungeistige, das Widergeistige erkennen. Und einsehen muß man solche Dinge, die heute noch kein Mensch zugibt. Heute sagt zum Beispiel jeder: Nun ja, wenn ich irgendein kleines Lebewesen habe, das man mit freiem Auge nicht sieht, so lege ich es unter das Mikroskop; da vergrößert es sich mir, dann sehe ich es. – Ja, aber man wird einsehen müssen: Diese Größe ist ja verlogen; ich dehne das Lebewesen aus, ich habe es nicht mehr, ich habe ein Gespenst. Das ist nicht mehr Wirklichkeit, was ich da sehe. Ich habe eine Lüge an die Stelle der Wahrheit gesetzt! – Es ist natürlich für die heutige Anschauung Wahnsinn, aber es ist gerade die Wahrheit. Wenn man einsehen wird, daß man Naturwissenschaft braucht, damit man an diesem Gegenbilde der Wahrheit den Stoß bekommt zur Wahrheit hin, dann wird die Kraft entwickelt sein, die symbolisch angedeutet werden kann in der Überwindung des Drachen durch den Michael.

Aber dazu gehört etwas, was nun eigentlich auch schon, ich möchte sagen, auf geistige Art in den Annalen steht, aber es steht so, daß dann, als man keine rechte Ahnung mehr hatte von dem, was im Jahreslauf lebt, man die Sache auf den Menschen bezog. Da setzte man auf dasjenige, was zur Erleuchtung hinführt, den Begriff der Weisheit; da setzte man auf dasjenige, was hinführt zum Erkennen, den Begriff
Tafel 8 des Mutes; bei der Besonnenheit blieb es (siehe Schema Seite 76), und auf das, was der Buße entsprach, setzte man den Begriff der Gerechtigkeit. Hier haben Sie die vier platonischen Tugendbegriffe: Weisheit,

Mut, Besonnenheit, Gerechtigkeit. Es wurde in den Menschen hineingenommen, was der Mensch vorher aus dem Leben des Jahreslaufes empfing. Das aber wird beim Michael-Fest ganz besonders in Betracht kommen: daß das wird sein müssen ein Fest zu Ehren des menschlichen Mutes, der menschlichen Offenbarung des Michael-Mutes. Denn was ist es, was heute den Menschen von der Geist-Erkenntnis zurückhält? Seelische Mutlosigkeit, um nicht zu sagen seelische Feigheit. Der Mensch will passiv alles empfangen, will sich hinsetzen vor die Welt wie vor ein Kino und will sich alles sagen lassen durch das Mikroskop und Teleskop. Er will nicht in Aktivität härten das Instrument des eigenen Geistes, der eigenen Seele. Er will nicht Michael-Nachfolger sein. Dazu gehört innerer Mut. Dieser innere Mut, der muß sein Fest bekommen in dem Michael-Fest. Dann wird von dem Fest des Mutes, von dem Fest der inneren mutigen Menschenseele ausstrahlen, was auch den andern Festeszeiten des Jahres rechten Inhalt geben wird.

Ja, wir müssen sogar den Weg fortsetzen: wir müssen hereinnehmen in die menschliche Natur das, was früher draußen war. So steht es heute nicht mehr mit dem Menschen, daß er nur im Herbste das Erkennen der Natur und so weiter entwickeln könnte. Es steht schon so, daß im Menschen die Dinge heute ineinanderliegen, denn nur dadurch kann er seine Freiheit entfalten. Aber dabei bleibt es doch richtig, daß, ich möchte sagen, in einem verwandelten Sinne das Feste-Feiern wiederum notwendig wird. Waren die Feste ehemals Feste des Gebens des Göttlichen an die Irdischen, empfing der Mensch ehemals unmittelbar die Gaben der himmlischen Mächte bei den Festen, so besteht heute, wo er in sich die Fähigkeiten hat, die Metamorphosierung des Festgedankens darin, daß es Feste der Erinnerungen sind. So daß sich der Mensch in die Seele schreibt dasjenige, was er in sich vollbringen soll.

Und da wird es wiederum am besten sein, als das stärkstwirkende Fest der Erinnerung, dieses Fest, das den Herbst beginnt, das Michael-Fest zu haben, denn da spricht zu gleicher Zeit die ganze Natur eine bedeutsame kosmische Sprache. Die Bäume werden kahl, die Blätter verwelken, die Tiere, die den Sommer hindurch als Schmetterlinge die Luft durchflatterten, als Käfer die Luft durchsurrten, ziehen sich zurück. Viele Tiere verfallen in den Winterschlaf. Alles lähmt sich ab. Die Natur, die durch ihre eigene Wirksamkeit dem Menschen geholfen hat durch Frühling und Sommer, die Natur, die im Menschen gewirkt hat durch Frühling und Sommer, zieht sich zurück. Der Mensch ist auf sich zurückgewiesen. Was jetzt erwachen muß, wo die Natur einen verläßt, das ist der Seelenmut. Wiederum werden wir hingewiesen, wie es ein Fest des Seelenmutes, der Seelenkraft, der Seelenaktivität sein muß, was wir als Michael-Fest auffassen können.

Das ist es, was allmählich dem Festesgedanken einen Erinnerungscharakter geben wird, der aber schon angedeutet worden ist mit einem monumentalen Worte, mit welchem darauf hingewiesen wurde, daß in aller Zukunft dasjenige, was vorher Feste der Gaben waren, Erinnerungsfeste werden oder werden sollen. Dieses monumentale Wort, das das Fundament für alle Festgedanken sein muß, also auch derjenigen, die wieder entstehen werden, dieses monumentale Wort ist: «Dieses tut zu meinem Angedenken.» Da ist der Gedanke des Festes nach der Erinnerungsseite hingewendet.

So wie das andere, was im Christus-Impuls liegt, lebendig fortwirken muß, sich gestalten muß, nicht bloß totes Produkt bleiben darf, zu dem man zurückschaut, so muß auch dieser Gedanke empfindungs- und gedankenzeugend weiterwirken, und man muß verstehen, daß die Feste bleiben müssen, trotzdem der Mensch sich ändert, und daß daher auch die Feste Metamorphosen durchmachen müssen.

Die Anthroposophie und das menschliche Gemüt

ERSTER VORTRAG

Wien, 27. September 1923

Es wird, wenn von Anthroposophie heute in manchen Kreisen die Rede ist, neben manchem unzutreffenden Worte auch dieses gesagt, daß Anthroposophie intellektualistisch sei, daß sie zu stark an den wissenschaftlichen Verstand appelliere, und daß sie zu wenig Rücksicht nehme auf die Bedürfnisse des menschlichen Gemütes. Deshalb habe ich gerade für diesen kurzen Vortragszyklus, den ich zu meiner großen Befriedigung wieder in Wien hier vor Ihnen halten darf, das Thema gewählt: «Die Anthroposophie und das menschliche Gemüt.»

Das menschliche Gemüt ist gewiß von der Erkenntnis ausgeschlossen worden durch die intellektualistische Entwickelung der Zivilisation in den letzten drei bis vier Jahrhunderten. Man wird heute allerdings nicht müde, immer wieder und wieder zu betonen, daß der Mensch nicht stehenbleiben könne bei dem nüchternen, trockenen Verstande und seinen Einsichten, aber man baut doch, wenn es sich um Erkenntnisse handeln soll, ausschließlich auf diesen Verstand. Auf der andern Seite wird immer wieder und wieder hervorgehoben, das menschliche Gemüt müsse zu seinem Rechte kommen; allein man gibt ihm dieses Recht nicht. Man spricht ihm jede Möglichkeit ab, irgendwie eine Beziehung zu den Weltengeheimnissen draußen zu gewinnen; man schränkt sozusagen das menschliche Gemüt gerade in das ein, was nur die persönlichen Angelegenheiten des Menschen sind, in dasjenige, worüber nur die persönlichsten Angelegenheiten des Menschen entscheiden sollen.

Heute wollen wir nun zunächst, ich möchte sagen, wie in einer Art historischer Erinnerung davon sprechen, wie dieses menschliche Gemüt in älteren Zeiten der Menschheitsentwickelung auch erkenntnismäßig sprechen durfte, wie es große, gewaltige Bilder vor die Menschenseele hinzaubern durfte, die aufklärend auf den Menschen wirken sollten, wenn es sich darum handelte, daß der Mensch seine Eingliederung in den ganzen Weltengang finden könne, in den Kosmos, in die Zeitenfolge. Diese Bilder bildeten im Grunde genommen in jener Zeit, als das menschliche Gemüt noch weltanschauungsmäßig sprechen durfte, gerade das Wichtigste in diesen Weltanschauungen. Sie stellten die großen, umfassenden Weltenzusammenhänge dar und stellten den Menschen in diese großen, umfassenden Weltenzusammenhänge hinein.

Ich möchte, weil ich gerade dadurch eine Grundlage für die weitere Betrachtung des menschlichen Gemütes vom anthroposophischen Gesichtspunkte aus schaffen kann, heute eines jener grandiosen, majestätischen Bilder vor Ihre Seele führen, die so zu wirken bestimmt waren, wie ich es jetzt angedeutet habe; zugleich eines jener Bilder, welche vor allen Dingen dazu bestimmt sind, in einer neuen Art, von der wir noch sprechen wollen, auch in der Gegenwart wieder an den Menschen herangerückt zu werden. Ich möchte heute zu Ihnen sprechen von dem Bilde, das Sie alle kennen, dessen Bedeutung aber nach und nach im menschlichen Bewußtsein zum Teil verblaßt ist, zum Teil mißverständlich erfaßt ist: von dem Bilde des Kampfes, des Streites Michaels mit dem Drachen. Ergreifend wirkt es noch auf viele Menschen, aber der eigentliche tiefere Gehalt, wie gesagt, ist entweder verblaßt oder wird mißverstanden, mindestens wird er nicht so an das menschliche Gemüt herangebracht, wie er einst zu diesem menschlichen Gemüt gestanden hat, ja wie er selbst noch im 18. Jahrhundert im Gemüte vieler Menschen gestanden hat. Man macht sich heute gar keinen Begriff davon, wieviel sich in dieser Beziehung geändert hat, wieviel von dem, wovon der sogenannte gescheite Mensch sagt, es seien phantastische Bilder, als die ernstesten Bestandteile der alten Weltanschauungen genommen wurde. So war das insbesondere mit dem Bilde vom Streit des Michael mit dem Drachen.

Wenn heute der Mensch darüber nachdenkt, wie er sich selber auf der Erde entwickelt hat, dann kommt er – im Sinne seiner materialistischen Weltauffassung – dazu, die jetzige, in einem gewissen Sinne relativ vollkommenere Menschengestalt auf unvollkommenere Gestalten, auf physisch-tierische Vorfahren, immer weiter und weiter zurückzuführen. Man kommt dadurch eigentlich von dem jetzigen Menschen, der in der Lage ist, sein eigenes Wesen innerlich seelischgeistig zu erleben, zu viel materielleren Geschöpfen, von denen der Mensch abstammen solle, die dem materiellen Dasein eben viel näher standen. Man nimmt an, daß sich die Materie allmählich immer mehr und mehr zu einem Erleben des Geistigen heraufentwickelt habe. So war die Anschauung einer verhältnismäßig noch kurz zurückliegenden Zeit nicht, sie war gegenüber dieser Anschauung eigentlich geradezu umgekehrt. Wenn noch im 18. Jahrhundert diejenigen Menschen, die damals – viele waren das ja auch noch nicht – nicht angefressen waren von materialistischer Anschauung, von materialistischer Gesinnung, mit dem Seelenblick zurückschauten in die Vorzeit der Menschheit, dann sahen sie nicht auf weniger menschliche Wesen als ihre Vorfahren hin, sondern sie sahen auf geistigere Wesen hin, als es der Mensch selber ist. Sie sahen auf Wesen hin, denen die Geistigkeit so eigen war, daß diese Wesen noch nicht einen physischen Leib annahmen in dem Sinne, wie es der Mensch heute auf der Erde – die übrigens auch noch nicht in diesen älteren Zeiten vorhanden war – tut. Wenn sie auf die Menschheit zurückschauten, schauten sie hin auf Wesenheiten, die in einer höheren, geistigeren Art lebten, und die, wenn ich mich grob ausdrücken darf, einen Leib von viel dünnerer, mehr geistiger Substanz hatten. In diese Sphäre, von der die Menschen da sprachen, versetzte man noch nicht hinein Wesen von der Art des heutigen Menschen, sondern höherstehende Wesen mit höchstens einem ätherischen Leib, nicht mit einem physischen Leib, Wesen, die gewissermaßen die Menschenvorfahren sein sollten. Man schaute zurück in eine Zeit, in der auch noch nicht die sogenannten höheren Tiere da waren, in der höchstens diejenigen Tiere da waren, die man heute wie in ihren Nachkommen in den gallertartigen Tieren der Meere findet. Das war sozusagen auf dem Vorfahr der Erde als unter dem Menschen stehendes Tierreich vorhanden; darüber ein Reich, das, wie gesagt, nur Wesen hatte in höchstens einem ätherischen Leib. Das was wir heute aufzählen im Sinne meiner «Geheimwissenschaft im Umriß» als die Wesen der höheren Hierarchien, würde in anderer Form heute noch das sein, was dazumal in einer gewissen Beziehung als Vorfahrenschaft des Menschen gedacht worden ist.

Diese Wesenheiten – Angeloi, Archangeloi, Archai – in ihren damaligen Formen, sie waren vor allen Dingen noch nicht zur Freiheit bestimmt in dem Sinne, wie wir heute beim Menschen von Freiheit sprechen. Der Wille dieser Wesen wurde nicht so erlebt, daß sie selber jenes eigentümliche Gefühl gehabt hätten, das wir aussprechen mit den Worten: Wir wollen willkürlich etwas. – Diese Wesen wollten nicht willkürlich etwas, sie wollten das, was als der göttliche Wille in ihre Wesenheit einfloß. Diese Wesenheiten hatten ihren Willen vollständig in dem göttlichen Willen beschlossen. Die göttlichen Wesen, die über ihnen standen oder stehen und die in ihren Zusammenhängen die göttliche Weltenlenkung bedeuten, «wollten» gewissermaßen durch die niedrigeren Geister der Archangeloi und Angeloi, so daß diese niedrigeren Geister durchaus in der Richtung, im Sinne des über ihnen stehenden göttlich-geistigen Willens wollten. So war die Ideenwelt dieser älteren Menschheit, daß sie sich sagte: In jener alten Zeit war überhaupt der Zeitpunkt noch nicht gekommen, wo sich Wesen entwickeln konnten, die in ihrem Bewußtsein das Freiheitsgefühl haben sollten. – Im Sinne der göttlich-geistigen Weltenordnung war dieser Zeitpunkt auf eine spätere Epoche verlegt. Da sollte dann gewissermaßen ein Teil der im göttlichen Willen beschlossenen Geister zum eigenen, freien Willen kommen. Er sollte zum eigenen, freien Willen kommen, wenn in der Weltenentwickelung dazu die Zeit wäre.

Ich will mit alledem heute nicht etwas schildern, was ich vom anthroposophischen Gesichtspunkte aus irgendwie schon rechtfertigen wollte, darüber werden wir dann in den nächsten Tagen sprechen, sondern ich will die Vorstellungen schildern, die gerade bis ins 18. Jahrhundert herein bei erleuchtetsten Geistern gelebt haben. Ich will sie historisch schildern, denn nur dadurch, daß wir sie uns in ihrer historischen Gestalt vor die Seele rücken, werden wir auch zu einer neuen Anschauung darüber kommen, inwiefern diese Vorstellungen in einer andern Form wieder erneuert werden könnten.

Da aber – so sagten sich diese Menschen – erhob sich unter diesen Geistern, deren kosmisches Schicksal es eigentlich war, im Willen der göttlichen Geister beschlossen zu sein, eine Anzahl von solchen Wesenheiten, die ihren Willen gewissermaßen abschnüren wollten von dem göttlichen Willen, die ihren Willen emanzipieren wollten vom göttlichen Willen. Es erhoben sich in einem übermenschlichen Hochmut Wesenheiten, die, bevor die Zeit dazu da war, in der die Freiheit reifen sollte, zu dieser Freiheit ihres Willens kommen wollten. Und als den Bedeutendsten, den Anführer dieser Wesenheiten dachte man sich dasjenige Wesen, das dann Gestalt bekommen hat in dem Drachen, den Michael bekämpft, jener Michael, der oben geblieben ist im Reiche derjenigen Geister, die ihren Willen auch weiterhin orientieren wollten im Sinne des göttlich-geistigen Willens, der über ihnen steht.

Aus diesem Stehenbleiben im göttlich-geistigen Willen entstand bei Michael der Impuls, das Richtige zu tun mit demjenigen Wesen, das vorzeitig, wenn ich so sagen darf, zur Freiheit gegriffen hat. Denn die Gestalten, welche die Wesenheiten der Hierarchie der Archangeloi, Angeloi, Archai hatten, waren einfach nicht angemessen einem Wesen, das in der angedeuteten Art einen freien, von dem Göttlichen emanzipierten Willen haben sollte. Dazu sollte im Laufe der Entwickelung der Welt die Gestalt erst später entstehen, nämlich die menschliche Gestalt. Aber das alles wird in eine Zeit versetzt, in der im Zusammenhange des Kosmos die menschliche Gestalt noch nicht möglich war; auch die höheren tierischen Gestalten waren noch nicht möglich, nur jene niederen tierischen Gestalten, die ich vorhin charakterisiert habe. Und so mußte sozusagen eine kosmisch widerspruchsvolle Gestalt entstehen. In die mußte gewissermaßen der widersetzliche Geist gegossen werden. Es konnte nicht eine Tiergestalt sein, die erst später entstehen durfte, es konnte auch nicht eine der Tiergestalten sein, wie sie dazumal waren in der gewöhnlichen, sozusagen weichen Materie. Es konnte nur eine Tiergestalt sein, welche von den in der physischen Welt möglichen Tiergestalten abwich, aber doch wiederum, weil sie einen kosmischen Widerspruch darstellen sollte, tierähnlich wurde. Und die Gestalt, die einzig und allein aus dem heraus, was damals möglich war, geschaffen werden konnte, diese Gestalt ist die Gestalt des Drachen. Natürlich wurde sie dann von dem einen so, von dem andern anders aufgefaßt, wenn sie gemalt oder sonstwie wiedergegeben werden sollte; sie wird mehr oder weniger treffend oder auch unzutreffend dargestellt werden, je nachdem derjenige, der sie darstellt, eine innere imaginative Einsicht hat in das, was dazumal möglich war für eine Wesenheit, die einen widersetzlichen Willen entwickelt hat. Aber unter denjenigen Gestalten jedenfalls, die in der physischen Welt in der Tierreihe bis zum Menschen herauf möglich geworden sind, ist diese Gestalt nicht. Sie mußte eine übersinnliche bleiben. Aber eine solche übersinnliche Gestalt konnte nicht in jenem Reiche sein, in dem die Wesen der höheren Hierarchien, Archangeloi, Angeloi und so weiter sind, sie mußte sozusagen unter diejenigen Gestalten versetzt werden, die im Laufe der physischen Entwickelung entstehen konnten. Das ist der Sturz des Drachen vom Himmel auf die Erde. Das ist die Tat des Michael, daß gewissermaßen diese Gestalt in eine Form kam, die übertierisch ist, übersinnlich ist, die aber nicht im Reiche des Übersinnlichen verbleiben darf, denn trotzdem sie eine übersinnliche ist, widerspricht sie dem Reiche des Übersinnlichen, in dem sie vor ihrer Widersetzlichkeit war. Und so wurde diese Gestalt in die Welt versetzt, welche die physische Welt ist, aber als eine überphysische, übersinnliche. Sie lebte fortan in dem Reiche, in dem die Mineralien, Pflanzen, Tiere sind; sie lebte fortan in dem, was als Erde entstand. Aber sie lebte nicht so, daß Menschenaugen sie sehen könnten, wie Menschenaugen die gewöhnlichen Tiere sehen können. Wenn das Seelenauge sich hinaufrichtet in die Welten, die sozusagen in dem höheren Weltenplane vorgesehen waren, so schaut es in seinen Imaginationen die Wesenheiten der höheren Hierarchien. Wenn das menschliche physische Auge sich richtet auf die physische Welt, so schaut es das, was in den verschiedenen Reichen der Natur bis herauf zur physisch-sinnlichen Menschengestalt entstanden ist. Wenn sich aber das Seelenauge auf das richtet, was in der physischen Natur ist, dann schaut es diese in sich widerspruchsvolle Gestalt des Widersachers, desjenigen, der tierisch und doch wieder nicht tierisch ist, der in der sichtbaren Welt lebt und wieder selbst nicht sichtbar ist: es schaut die Gestalt des Drachen. Und in dem ganzen Entstehen des Drachen schauten diese Menschen einer älteren Zeit die Tat des Michael, der im Reiche des Geistigen in jener Gestalt zurückgeblieben war, die dem Reiche des Geistigen angemessen ist.

Und nun entstand die Erde, mit der Erde der Mensch, und der Mensch sollte so entstehen, daß er gewissermaßen ein Doppelwesen wurde. Auf der einen Seite sollte er mit einem Teil seines Wesens, mit seinem seelisch-geistigen Teile hinaufragen in das, was man die himmlische, die übersinnliche Welt nennt; mit dem andern Teile seines Wesens, mit dem physisch-ätherischen Teile, sollte er angehören derjenigen Natur, die als die Erdennatur, als ein neuer Weltenkörper entstand, jener Weltenkörper, auf den der abtrünnige Geist, der Widersacher, versetzt wurde. Dort mußte der Mensch entstehen. Er war dasjenige Wesen, das in diese Welt gehört nach dem ursprünglichen Ratschluß, der dem Ganzen zugrunde liegt. Der Mensch gehörte auf die Erde. Der Drache gehörte nicht auf die Erde, war aber auf die Erde versetzt worden.

Und nun bedenken Sie, was der Mensch auf der Erde, als er im Laufe der Entwickelung mit der Erde erstand, nun antraf auf dieser Erde. Er traf das an, was als äußere Natur sich aus den früheren Naturreichen entwickelt hatte, was dann die Tendenz annahm, die dann gipfelte in dem jetzigen Mineralreich, in unserem Pflanzenreich, Tierreich bis herauf zu seiner eigenen physischen Menschengestalt. Das traf er an. Er traf, mit andern Worten, das an, was wir gewohnt sind, die außermenschliche Natur zu nennen. Was war diese außermenschliche Natur? Sie war die Fortsetzung und ist heute noch die Fortsetzung desjenigen, was von den höchsten schaffenden Mächten im fortlaufenden Entwickelungsplane der Welt gemeint war. Der Mensch darf daher, indem er dies in seinem Gemüte erlebt, in die äußere Natur hinausschauen, darf die Mineralien anschauen mit alledem, was mit der mineralischen Welt zusammenhängt, darf in die wunderbaren Kristallformen hinausschauen, darf aber auch auf die Berge, die Wolken und die andern Formen hinschauen, und er schaut dann diese äußere Natur gewissermaßen in ihrem Ertötetsein, in ihrem Unlebendigsein. Aber der Mensch schaut sie so an, wie das, was als Unlebendiges da ist, was eine ehemalige göttliche Welt selbst aus sich herausgesetzt hat, so wie der menschliche Leichnam – allerdings jetzt in einer andern Bedeutung – aus dem lebendigen Menschen im Tode herausgesetzt wird. Ist dieser Anblick des menschlichen Leichnams zunächst, so wie er dem Menschen entgegentritt, nicht irgend etwas, was auf den Menschen einen bejahenden Eindruck machen kann, so darf aber dasjenige, was in gewissem Sinne auch göttlicher Leichnam ist, aber Leichnam auf einer höheren Stufe und im Mineralreich erstanden ist, von dem Menschen als das angesehen werden, was in der Form, in der Gestalt das ursprünglich gestaltlos-lebendige Göttliche spiegelt. Und in dem, was dann als die höheren Naturreiche hervorgebracht wird, wird eine weitere Spiegelung desjenigen gesehen, was ursprünglich als gestaltlos Göttliches vorhanden war. So darf der Mensch hinausschauen in die ganze Natur und darf fühlen von der Natur, daß diese außermenschliche Natur ein Spiegel des Göttlichen in der Welt ist.

Das ist schließlich dasjenige auch, was die Natur dem menschlichen Gemüte geben soll. Naiv, nicht durch Spekulation, soll der Mensch in der Lage sein, beim Anblicke dieser oder jener Naturwesenhaftigkeit Freude, Sympathie, ja vielleicht inneres Jauchzen, inneren Enthusiasmus gegenüber den Gestaltungen, gegenüber dem Sprießen und Blühen in der Natur zu empfinden. Und dann soll in bezug auf das, was er sich nicht ganz klarmacht bei diesem Jauchzen, bei diesem Enthusiasmus, bei dieser überströmenden Freude über die Natur, in seinen Untergründen eigentlich die Empfindung leben, wie er in seinem ganzen Gemüte sich so innig verwandt fühlt mit dieser Natur, indem er sich sagen kann, wenn es ihm auch nur dumpf zum Bewußtsein kommt: Das haben die Götter aus sich heraus als ihren Spiegel in die Welt hineingestellt, dieselben Götter, denen mein eigenes Gemüt entstammt, dieselben Götter, von denen ich auf einem andern Wege komme. – Und eigentlich sollte alles innere Jauchzen über die Natur, alle Freude über die Natur, alles was als ein so befreiendes Gefühl in uns aufkommt, wenn wir die Frische in der Natur innerlich lebendig nacherleben, darauf gestimmt sein, daß das menschliche Gemüt sich verwandt fühlt mit dem, was in der Natur draußen als Spiegel der Gottheit lebt.

Aber der Mensch steht so in seiner Entwickelung drinnen, daß er die Natur in sich hereinnimmt, hereinnimmt durch das Ernähren, hereinnimmt durch das Atmen, hereinnimmt – wenn auch auf geistige Weise – dadurch, daß er die Natur mit seinen Sinnen anschaut, sie wahrnimmt. Auf dreifache Weise nimmt so der Mensch die äußere

Natur in sich herein: indem er sich ernährt, indem er die Luft atmet, indem er wahrnimmt. Dadurch ist der Mensch ein Doppelwesen. Er ist mit seiner geistig-seelischen Wesenheit verwandt den Wesenheiten der höheren Hierarchien, und er muß einen Teil seines Wesens aus dem gestalten, was als Natur draußen vorhanden ist. Das nimmt er in sich herein. Und indem es aufgenommen wird als Nahrungsmittel, als Atmungsanregung, ja selbst in jener feinen ätherischen Weise, in der es lebt im Wahrnehmungsprozeß, setzt es im Menschen die Vorgänge, die man draußen in der Natur sieht, fort. Das lebt im Menschen auf als Instinkt, als Trieb, als tierische Lust, als alles das, was aus den Tiefen der Menschennatur als Animalisches im Menschen aufsteigt.

Betrachten wir das nur recht. Da haben wir draußen die wunderbar gestalteten Kristalle, die Mineralmassen, die sich zu den gigantischen Bergen auftürmen, die frischen Mineralmassen, die als Wasser über die Erde in der verschiedensten Weise sich ergießen; da haben wir die in einer höheren Gestaltungsfähigkeit vor uns sprießende pflanzliche Substanz und Wesenhaftigkeit, da haben wir die verschiedensten tierischen Gestalten, und da haben wir auch die menschlich-physische Gestalt selber. Das alles, was da draußen lebt, ist Spiegel der Gottheit, steht in wunderbarer naiver Unschuld vor dem menschlichen Gemüte, weil es die Gottheit spiegelt und im Grunde genommen nichts ist als das reine Spiegelbild. Man muß nur die Spiegelung verstehen. Verstehen kann sie der Mensch zunächst nicht mit seinem Intellekt; verstehen kann er sie, wie wir in den nächsten Vorträgen noch hören werden, gerade mit seinem Gemüt. Aber wenn er sie mit seinem Gemüte recht versteht – und er hat sie in den früheren Zeiten, von denen ich jetzt spreche, mit seinem Gemüte verstanden –, dann sieht er sie als den Spiegel der Gottheit. Aber jetzt betrachtet er, was draußen in der Natur lebt in den Salzen, was in den Pflanzen lebt und in den tierischen Bestandteilen, die dann in seinen eigenen Leib hineinkommen, und beobachtet, was im unschuldigen Grün der Pflanzen sprießt, und was selbst noch in naiver Weise im tierischen Leibe animalisch vorhanden ist. Das betrachtet der Mensch nun, sich innerlich anschauend, wie es in ihm als die Triebe aufwallt, als die tierischen, animalischen Lüste, als tierische Instinkte; er sieht, was die Natur in ihm wird.

Das war das Gefühl, das noch viele der erleuchtetsten Menschen im 18. Jahrhundert gehabt haben. Sie haben lebendig noch den Unterschied gefühlt zwischen der Natur draußen und der Natur, wie sie wird, wenn der Mensch sie verzehrt, veratmet, wahrnimmt. Sie haben so recht den Unterschied gefühlt zwischen der naiven äußeren, sinnenfälligen Natur und der menschlichen innerlich quellenden Sinnlichkeit. Was da als Unterschied lebte, das stand in einer wunderbar scharfen Lebendigkeit vor vielen Menschen noch, die im 18. Jahrhundert vor sich selber und ihren Schülern geschildert haben Natur und Mensch und das Eingespanntsein von Natur und Mensch in den Streit zwischen Michael und dem Drachen.

Indem wir nun diesen polarischen Gegensatz, Natur draußen in ihrer elementarischen Unschuld, Natur im Menschen in ihrer Schuld, vor dem Seelenauge des Menschen selbst noch des 18. Jahrhunderts sehen, müssen wir uns jetzt an den Drachen erinnern, den Michael in diese Welt der Natur hereingestellt hat, weil er ihn in der Welt der Geistigkeit zu belassen nicht würdig fand. Draußen in der Welt der Mineralien, in der Welt der Pflanzen, selbst in der Welt der Tiere, da hat jener Drache, der in seiner Gestalt der Natur widerspricht, keine der Formen angenommen, welche die Naturwesen angenommen haben. Er hat jene, für uns heute vielfach so phantastische Drachenform angenommen, die in der Übersinnlichkeit bleiben muß. Sie kann nicht hinein in ein Mineral, sie kann nicht hinein in eine Pflanze, sie kann nicht hinein in ein Tier, und sie kann auch nicht hinein in einen physischen Menschenkörper. Aber sie kann hinein in das, was im physischen Menschenkörper jetzt die äußere unschuldige Natur in Form der Schuld im aufwallenden Triebleben geworden ist. Und so sagten sich noch viele Menschen im 18. Jahrhundert: Und es ward der Drache, die alte Schlange, heruntergeworfen vom Himmel zur Erde. Da hatte sie aber zunächst keine Stätte. Dann aber errichtete sie ihr Bollwerk im Wesen des Menschen, und so ist sie nun in der menschlichen Natur verschanzt.

So lieferte jenes gewaltige Bild vom Michael und dem Drachen für jene Zeiten noch ein Stück Menschenerkenntnis. Wollte man noch für das 18. Jahrhundert die der damaligen Zeit entsprechende Anthroposophie hinstellen, dann müßte man davon sprechen, daß im Menschen, insofern er die äußere Natur durch Ernähren, Eratmen und Wahrnehmen in sich hereinnimmt, die Stätte für den Drachen geschaffen wird. Der Drache wohnt in der menschlichen Natur. Ich möchte sagen, so genau lebte das in den Gemütern der Menschen des 18. Jahrhunderts noch, daß man sich ganz gut vorstellen könnte, solche Menschen des 18. Jahrhunderts hätten vielleicht irgendein Seherwesen auf einen fremden Weltenkörper verpflanzt und es die Erde aufzeichnen lassen. Da würde dieses Seherwesen die Erde so gezeichnet haben, daß alles, was im Mineralischen, Pflanzlichen, Tierischen, kurz, im Außermenschlichen lebte, drachenfrei gezeichnet worden wäre, daß dagegen sich der Drache geschlungen hätte durch die animalische Wesenhaftigkeit des Menschen und damit ein Erdenwesen dargestellt hätte. Damit aber war die Situation für jene Menschen auch noch des 18. Jahrhunderts eine andere geworden gegenüber der Situation, aus der das Ganze in der vormenschlichen Zeit hervorgegangen ist. Für die vormenschliche Zeit mußte man den Drachenstreit des Michael sozusagen ins Objektiv-Äußerliche verlegen. Jetzt aber war der Drache nirgendwo äußerlich zu finden. Wo war denn der Drache, wo mußte man ihn suchen? Überall, wo Menschen auf der Erde sind! Da war er. Wollte also jetzt Michael seine Mission fortsetzen, die er in der vormenschlichen Zeit in der objektiven Natur gehabt hat, wo er den Drachen äußerlich als das Weltengetier zu besiegen hatte, so mußte er jetzt seinen Kampf im Inneren der Menschennatur verrichten. Es wurde der Streit Michaels – schon seit langen Zeiten, seit dem grauen Altertum, aber eben bis zum 18. Jahrhundert – in das Innere des Menschen verlegt. Doch diejenigen, die so sprachen, wußten, daß sie nun in das Innere des Menschen ein Ereignis verlegt hatten, das früher ein kosmisches Ereignis war. Und sie sagten etwa: Schauet hin in uralte Zeiten. Da muß man sich vorstellen, daß damals der Drache durch Michael vom Himmel auf die Erde verstoßen wurde, ein Ereignis, das sich in den außermenschlichen Welten abspielte. Und schauet hin auf die neuere Zeit. Da muß man sich denken, wie der

Mensch auf die Erde kommt, wie er die äußere Natur in sich hereinnimmt, sie umgestaltet, so daß der Drache von ihr Besitz ergreifen kann. Und man muß den Drachenkampf des Michael von da an auf die Erde verlegen.

Solche Wendung des Gedankens war nicht von jener Abstraktheit, in der man heute oftmals so gerne spricht. Heute liebt man es, mit möglichst kurzmaschigen Gedanken auszukommen. Man sagt: Nun ja, früher haben die Menschen ein solches Ereignis wie den Streit Michaels mit dem Drachen eben nach außen verlegt. Im Verlaufe der Entwickelung ist die Menschheit innerlicher geworden, und jetzt wird daher ein solches Ereignis nur noch im Inneren geschaut. – Man braucht diejenigen wahrhaftig nicht zu beneiden, die bei diesen Abstraktionen stehenbleiben können, aber den Gang der Weltgeschichte der menschlichen Gedanken treffen diese Leute ganz gewiß nicht. Denn so, wie ich es jetzt dargestellt habe, geschah es, daß der äußere kosmische Streit des Michael mit dem Drachen in die innere menschliche Wesenheit hineinversetzt wurde, weil der Drache nur noch in der Menschennatur seinen Platz finden konnte. Damit aber war gerade in das Michael-Problem hineingelegt das Aufkeimen der menschlichen Freiheit, denn der Mensch wäre rein zum Automaten geworden, wenn der Kampf in ihm sich ebenso fortgesetzt hätte, wie er früher draußen war. Indem der Kampf in das Innere des Menschen verlegt wurde, wurde er, gewissermaßen äußerlich abstrakt genommen, ein Kampf der höheren gegen die niedere Natur im Menschen. Aber er konnte für das menschliche Bewußtsein nur diejenige Form annehmen, welche die Menschen zum Aufschauen nach der Gestalt des Michael in den übersinnlichen Welten hinleitete. Und im Grunde genommen gab es noch im 18. Jahrhundert zahlreiche Anleitungen für die Menschen, die alle darauf hinausliefen, wie sie sich in die Sphäre des Michael begeben könnten, um mit Hilfe der Michael-Kraft in sich den in ihrem eigenen Animalischen wesenden Drachen zu bekämpfen.

Ein solcher Mensch, der hineingeschaut hätte in das tiefere Geistesleben noch des 18. Jahrhunderts, hätte etwa malerisch so dargestellt werden müssen: Äußerlich die menschliche Gestalt, im niederen animalischen Teile der Drache, sich windend und selbst das Herz umwindend. Dann aber, hinter dem Menschen gewissermaßen – weil der Mensch das Höhere mit dem Hinterhaupte sieht –, die äußere kosmische Gestalt des Michael, überragend, glanzvoll, sein kosmisches Wesen behaltend, aber spiegelnd dieses Wesen im Inneren der menschlichen höheren Natur, so daß der Mensch ein ätherisches Spiegelbild in seinem eigenen Ätherleibe bietet von der kosmischen Gestalt des Michael. Und dann wäre in diesem Menschenhaupt sichtbar geworden, aber hinunterwirkend zum Herzen, die Kraft des Michael, zermalmend den Drachen, so daß sein Blut herunterfließt vom Herzen in die Gliedmaßen des Menschen. Das war das Bild, das vom innermenschlichen Streit Michaels mit dem Drachen noch zahlreiche Menschen des 18. Jahrhunderts in sich herumtrugen. Das war zu gleicher Zeit das Bild, welches in der damaligen Zeit vielen Menschen nahelegte, wie der Mensch mit Hilfe des Oberen das Untere, wie man sich ausdrückte, zu besiegen hat, wie der Mensch die Michael-Kraft für sein eigenes Leben braucht.

Der Verstand sieht die Kant-Laplacesche Theorie, sieht den Kant-Laplaceschen Urnebel, vielleicht einen Spiralnebel; aus diesem gliedern sich die Planeten ab, lassen in der Mitte die Sonne erscheinen; auf einem der Planeten entstehen nach und nach die Naturreiche, entsteht der Mensch. Und wenn dann die Zukunft vorausgeschaut wird, dann geht das alles wiederum in den großen Kirchhof des Naturdaseins über. Der Verstand kann nicht anders, als die Sache so zu denken. Deshalb, weil diesem Verstande immer mehr und mehr die Alleinherrschaft in der menschlichen Erkenntnis zugestanden worden ist, wurde nach und nach die Weltanschauung dasjenige für die allgemeine Menschheit, was sie jetzt geworden ist. Aber bei allen diesen Leuten, auf die ich vorhin hingewiesen habe, wirkte, ich möchte sagen, das Auge des Gemütes. Im Verstande kann sich der Mensch isolieren von der Welt, denn es hat jeder seinen eigenen Kopf und im Kopfe seine eigenen Gedanken. Im Gemüte kann er das nicht, denn das Gemüt ist nicht an den Kopf, das Gemüt ist an den rhythmischen Organismus des Menschen gebunden. Die Luft, die ich jetzt in mir habe, habe ich vor kurzem noch nicht in mir gehabt, da war sie die allgemeine Luft, und sie wird, wenn ich sie wieder ausatme, wiederum die allgemeine Luft sein. Nur der Kopf isoliert den Menschen, nur der Kopf macht ihn zum Eremiten auf der Erde. Selbst in bezug auf die Organe ist der Mensch in dem, was die physische Organisation seines Gemütes ist, nicht in dieser Weise isoliert, da gehört er dem allgemeinen Kosmos an, ist nur ein Stück im Kosmos. Aber nach und nach ist das Gemüt unsehend geworden, der Kopf allein ist sehend geworden. Der Kopf allein aber entwickelt nur die Intellektualität, isoliert den Menschen. Ja, als der Mensch noch mit dem Gemüte sah, da sah er nicht abstrakte Gedanken in den Kosmos hinein zu dessen Deutung, zur Erklärung, sondern da sah er hinein noch grandiose Bilder wie das Bild des Kampfes Michaels mit dem Drachen. Da sah dieser Mensch, was in seiner eigenen Natur und Wesenheit lebte, etwas, was in der Art, wie ich es heute geschildert habe, aus der Welt, aus dem Kosmos sich herausgebildet hat. Da sah er wie lebendig werden den inneren Michael-Kampf im Menschen, im Anthropos, hervorgehend aus dem äußeren Michael-Kampf im Kosmos. Da sah er Anthroposophie aus Kosmosophie sich herausentwickeln.

Und so werden wir überall, indem wir zu einer älteren Weltanschauung zurückgehen, von abstrakten Gedanken, die uns kalt und nüchtern berühren, die uns frösteln machen ob ihrer Intellektualität, zu Bildern geführt, deren eines der grandiosesten dieses Bild Michaels im Streite mit dem Drachen ist, Michaels, der den Drachen erst auf die Erde gestoßen hat, wo dann der Drache, ich möchte sagen, seine Menschenfestung gewinnen konnte. Und dann wurde Michael der Bekämpfer des Drachen im Menschen in der geschilderten Art. In diesem Bilde, das ich vor Ihre Seele hingestellt habe, ist Michael kosmisch hinter dem Menschen. Im Menschen lebt ein ätherisches Abbild des Michael, das den eigentlichen Kampf im Menschen ausführt, wodurch der Mensch im Michael-Kampfe allmählich frei werden kann, weil nicht Michael den Kampf ausführt, sondern die menschliche Hingabe und das dadurch hervorgerufene Abbild des Michael. In dem kosmischen Michael bleibt immer noch jenes Wesen leben, zu dem der Mensch aufschauen kann, und das den ursprünglichen kosmischen Kampf mit dem Drachen eingeleitet hat.

Wahrhaftig, nicht bloß auf der Erde geschehen Ereignisse. Diese

Ereignisse, die auf der Erde geschehen, sind im Grunde genommen für den Menschen unverständlich, wenn er sie nicht als die Bilder von Ereignissen ansehen kann, die in der übersinnlichen Welt geschehen, wenn er nicht die Ursachen dazu in der übersinnlichen Welt sehen kann. Und so geschah schon einmal im Reiche des Übersinnlichen, kurz vor unserer Zeit, eine Michael-Tat, jene Michael-Tat, die ich etwa in der folgenden Art charakterisieren möchte. Ich muß dabei in der Art reden, die man heute als anthropomorphisch verpönt, aber wie sollte ich sie denn anders erzählen, als daß ich Menschenworte gebrauche für dasjenige, was sich in der übersinnlichen Welt abspielt.

Jene Zeit wurde weit zurückliegend gedacht als die vormenschliche Zeit, in der Michael den Drachen auf die Erde herabwarf. Aber dann trat der Mensch auf der Erde auf, und da stellte sich das ein, was ich geschildert habe: immer mehr und mehr kommend der innere menschliche Kampf des Michael mit dem Drachen. Gerade gegen das Ende des 19. Jahrhunderts war es, daß Michael sagen konnte: Nun hat sich das Bild im Menschen so verdichtet, daß der Mensch es innerlich gewahr werden kann, daß er nun in seinem Gemüte erfühlen kann den Drachenbesieger, wenigstens im Bilde etwas erfühlen kann. – In der Entwickelung der Menschheit bedeutet das letzte Drittel des 19. Jahrhunderts wahrhaftig etwas außerordentlich Wichtiges. In den älteren Zeiten war zunächst nur etwas wie ein dünnes Bild des Michael im Menschen; es verdichtete sich immer mehr und mehr. Im letzten Drittel des 19. Jahrhunderts war es folgendermaßen: In den früheren Zeiten war stark der unsichtbare übersinnliche Drache, der in den Trieben und Instinkten, in den Wünschen und in der animalischen Menschenlust wirkte; er bleibt für das gewöhnliche Bewußtsein untersinnlich, er lebt im Animalischen des Menschen. Aber da lebt er, lebt sich aus; da lebt er aufstachelnd den Menschen, allmählich ihn untermenschlich zu machen, da lebt er in alledem, was den Menschen herabziehen will. Es war so, daß Michael immer selber eingriff in die menschliche Natur, damit die Menschen nicht gar zu sehr herabkamen. Aber im letzten Drittel des 19. Jahrhunderts war es so, daß das Michael-Bild im Menschen so stark wurde, daß es nur sozusagen von dem guten Willen des Menschen abhing, um nach oben fühlend, bewußt sich zum Michael-Bilde zu erheben, damit ihm auf der einen Seite wie im unerleuchteten Gefühlserlebnis sich das Drachenbild darstelle, und dann auf der andern Seite, in geistiger Schau und doch schon für das gewöhnliche Bewußtsein, die Leuchtgestalt des Michael vor dem Seelenauge stehen kann. So kann dann vor dem Menschen der Gemütsinhalt stehen: Da wirkt in mir die Drachenkraft, die mich herunterziehen will; ich schaue sie nicht, ich fühle sie als das, was mich unter mich bringen will. Aber ich schaue im Geiste den leuchtenden Engel, dessen kosmische Aufgabe es immer war, den Drachen zu besiegen. Ich konzentriere mein Gemüt auf diese Leuchtgestalt, ich lasse ihr Licht in mein Gemüt hereinstrahlen. – Dann wird das so erleuchtete und erwärmte Gemüt die Michael-Kraft in sich tragen, und im freien Entschlusse wird der Mensch in der Lage sein, durch sein Bündnis mit Michael die Drachenkraft in seinem Untermenschen zu besiegen.

Würde der gute Wille in den weitesten Kreisen aufgebracht, eine solche Vorstellung zu einer religiösen Kraft zu erheben und in jedes Gemüt einzuschreiben, dann würden wir nicht matte Ideen haben in unserem Leben der Gegenwart, wie wir sie heute überall finden können, wie sie als Reformgedanken und dergleichen auftreten, sondern dann würden wir etwas haben, was wieder innerlich den ganzen Menschen erfassen kann, weil solches sich einschreiben kann in das lebendige Gemüt, in jenes lebendige Gemüt, das in dem Augenblick, wo es nur wirklich lebendig wird, auch in eine lebendige Beziehung zum ganzen Kosmos kommen wird. Und es würden dann jene Leuchtgedanken des Michael die ersten Ankündiger sein des Wiederhineindringens des Menschen in die übersinnliche Welt. Es würde das erkenntnismäßige Schauen sich religiös verinnerlichen, sich religiös vertiefen können. Der Mensch würde dadurch vorbereitet sein für die Feste des Jahres, deren Verständnis ihm aus alten Zeiten auch nur noch herabdämmert, aber wenigstens dämmert, um jenes Fest mit vollem Bewußtsein zu begehen, das im Kalender am Ende des September, im Beginne des Herbstes steht: das Michael-Fest.

Eine Bedeutung wird dieses Fest erst wieder haben, wenn wir in die Lage kommen, eine solche lebendige Schauung vor die Seele hinzustellen. Und indem wir in der Lage sind, es in lebendiger Weise zu empfinden und es zu dem instinktiven sozialen Impuls der Gegenwart zu machen, könnte dieses Michael-Fest, weil hier die Impulse unmittelbar aus dem Geistigen kommen, als die Krönung, ja als der eigentliche Anfang der Impulse angesehen werden, die wir brauchen, wenn wir aus dem heutigen Niedergange herauskommen wollen, wenn wir zu allem Reden über Ideale etwas hinzufügten, was nicht aus dem Menschenkopfe oder der Menschenbrust wäre, sondern was ein Ideal wäre, herausgesprochen aus dem Kosmos. Und indem dann die Bäume ihr Laub verlieren, die Blüten zu Früchten reifen, indem die Natur uns ihren ersten Frost schickt und sich anschickt, in den Wintertod zu gehen, könnten wir dann, so wie wir das Osterfest mit dem sprießenden, sprossenden Frühling fühlen, so das Aufgehen des Geistigen, mit dem sich der Mensch verbinden soll, fühlen. Und dann würden wir als Bürger des Kosmos Impulse hineinbringen können in das Leben, die, weil sie keine abstrakten Gedanken sind, nicht so unwirksam bleiben werden, wie sonst abstrakte Impulse unwirksam sind, sondern die ihre Wirksamkeit unmittelbar erweisen werden. Seeleninhalt wird das Leben erst wieder bekommen, wenn wir Impulse in unserem Gemüte aus dem Kosmos heraus entwickeln können. Davon will ich dann im nächsten Vortrag weiter sprechen.

ZWEITER VORTRAG

Wien, 28. September 1923

Das, was ich gestern zum Schlusse der Betrachtung über die alte Vorstellung vom Streite Michaels mit dem Drachen sagen konnte, war Ihnen wohl schon ein Hinweis darauf, wie eine Art Wiederbelebung desjenigen für unsere Zeit notwendig ist, was an Weltanschauungselementen in diesem gigantischen Bilde einmal für die Menschheit gelegen hat für eine, wie wir gesehen haben, gar nicht so weit zurückliegende Menschheit. Denn ich konnte an den verschiedensten Stellen des gestrigen Vortrages darauf hinweisen, daß in zahlreichen Seelen des 18. Jahrhunderts noch diese Vorstellung voll lebendig war. Bevor ich aber in den nächsten Vorträgen von dem werde zu sprechen haben, was aus dem Geiste unserer Zeit heraus, aus einer wirklichen Geistesanschauung unserer Zeit zu einer Wiederbelebung dieser Vorstellung führen kann und führen muß, ist es notwendig, daß ich heute – gewissermaßen als episodische Einschiebung – eine allgemeinere anthroposophische Betrachtung vor Ihnen anstelle. Aus dieser wird sich dann ergeben, in welcher Weise die angedeutete Vorstellung wieder belebt werden kann, so daß sie eine wahre Kraft im Denken, Fühlen und Handeln der Menschheit wiederum werden kann.

Wenn wir das Verhältnis des Menschen zur Natur und zur ganzen Welt ins Auge fassen, das der Mensch heute hat, so werden wir sagen können, wenn wir nur unbefangen genug dieses heutige Verhältnis mit dem Verhältnis der früheren Zeiten vergleichen können: Der Mensch ist eigentlich im Grunde genommen heute ein wahrer Einsiedler gegenüber den kosmischen Mächten geworden, ein Einsiedler insofern, als er durch seine Geburt in das physische Dasein hereingeführt wird und nicht mehr jene Erinnerungen an das vorirdische Dasein hat, die wirklich einmal die ganze Menschheit hatte. In der Zeit, in welcher der Mensch sonst nur zum Gebrauche seiner Verstandes- und Gedächtniskräfte erwächst, bis zu welcher man sich im Erdenleben zurückerinnert, hatte einmal in der ganzen Menschheit der Mensch in den älteren Epochen der Menschheitsentwickelung zugleich das Aufleuchten einer wirklichen Erinnerung, eines wirklichen Zurückschauens an vorirdische Erlebnisse, an Erlebnisse, die er als geistig-seelisches Wesen vor seinem Erdenleben durchgemacht hat. Das ist das eine, was den Menschen gewissermaßen zum Welteneinsiedler heute macht, daß er sich nicht bewußt ist, wie sein irdisches Dasein an ein Geistdasein angeschlossen ist. Das andere ist dieses, daß der Mensch heute seinen Blick hinausrichtet in die Weiten des Kosmos, daß er die äußeren Gestalten der Sterne und Sternbilder schaut, daß er aber ein inneres geistiges Verhältnis zu dem Geistigen im Kosmos nicht mehr hat. Ja, man kann auch weiter gehen. Der Mensch richtet heute seinen Blick auf die Reiche der Natur, die ihn auf der Erde umgeben, auf die mannigfaltige Schönheit der Pflanzen, auf das Gigantische der Berge, auf die ziehenden Wolken und so weiter; allein auch da muß er sich auf dasjenige beschränken, was Eindruck macht auf seine Sinne, er fürchtet sich sogar sehr häufig, wenn er eine intimere, tiefere Beziehung zu den Weiten der Natur bekommt, daß ihm die naive Anschauung der Natur verlorengehen könne. Aber so notwendig diese Entwickelungsphase der Menschheit dazu war, daß der Mensch dasjenige entwickele, was wir im Bewußtsein der Freiheit, im Freiheitsgefühl erleben, so notwendig das für den Menschen war, um zu seinem vollen Selbstbewußtsein zu kommen, zu jener inneren Stärke, die das Ich mit voller Kraft im Menschen sich aufrichten läßt, so notwendig, wie gesagt, dieses Einsiedlerleben des Menschen im Kosmos war: es darf nur ein Übergang sein zu einer andern Epoche, in welcher der Mensch wiederum den Weg zurückfindet zu dem Geistigen, das allen Dingen und Wesenheiten denn doch zugrunde liegt. Und gerade dieses Zurückfinden zum Geistigen muß durch diejenige Kraft erreicht werden, die dem Menschen werden kann, wenn er die Michael-Idee in ihrer wahren Gestalt und in derjenigen Gestalt, die sie für unsere Zeit annehmen muß, im rechten Sinne ergreifen kann.

Wir brauchen für das Denkerische, wir brauchen für das Gemütsleben, wir brauchen auch für das Tatenleben das Durchdrungensein mit dem Michael-Impuls. Aber es genügt natürlich nicht, wenn nun so etwas gehört wird wie: Ein Michael-Fest müsse wiederum lebendig werden in der Menschheit, und es sei nun an der Zeit, dieses Michael-

Fest hinzuzufügen zu den andern Festen des Jahres. – Es genügt nicht, daß dann einige sagen: Also fangen wir einmal an, begehen wir einmal ein Michael-Fest! – Wenn dasjenige in der Welt erreicht werden soll, was mit Anthroposophie anzustreben ist, dann darf selbstverständlich nicht die sonst heute in der Welt übliche Oberflächlichkeit gerade bei den Einrichtungen des Anthroposophischen eine Rolle spielen, sondern dann muß, wenn aus dem Anthroposophischen irgend etwas herauswächst, dieses mit dem allerintensivsten Ernste herauswachsen. Und um uns ein wenig einzuleben in das, was dieser Ernst sein soll, möchte ich Sie doch bitten, einmal zu erwägen, wie denn die heute verblaßten, einmal lebendigen Feste sich in die Menschheitsentwickelung hineingestellt haben.

Ist denn etwa das Weihnachtsfest, ist das Osterfest hervorgegangen aus dem Entschlusse von einigen wenigen, die gesagt haben: Wir haben eine Idee, in einer bestimmten Zeit des Jahres ein Fest zu feiern, und wir machen die nötigen Veranstaltungen dazu? – Das ist natürlich nicht der Fall. Damit so etwas wie das Weihnachtsfest in der Menschheit Eingang finden konnte, war ja nötig, daß der Christus Jesus geboren wurde, daß diese Tatsache in der weltgeschichtlichen Entwickelung der Erde eingetreten ist, daß ein überragendes Ereignis dastand. Und das Osterfest? Es hätte keinen Sinn jemals in der Welt gehabt, wenn es nicht das Erinnerungsfest an dasjenige gewesen wäre, was durch das Mysterium von Golgatha geschehen ist, wenn nicht dieses Ereignis in die ganze Menschheitsentwickelung einschneidend für die Erdengeschichte eingegriffen hätte. Wenn heute diese Feste verblaßt sind, wenn am Weihnachtsfeste nicht mehr der ganze Ernst gefühlt wird, ebensowenig am Osterfeste, so sollte das vielleicht gerade dazu führen, durch ein intensiveres Verständnis der Geburt des Christus Jesus und des Mysteriums von Golgatha auch diese Feste wiederum zu vertiefen. Keinesfalls dürfte aber die Idee Platz greifen, daß man, um nun zu diesen Festen auch noch mit derselben Oberflächlichkeit ein weiteres hinzuzufügen, nun zum Herbst beginnt, das Michael-Fest einfach einzurichten.

Es muß irgend etwas da sein, das – wenn vielleicht auch in geringerem Maße – in derselben Weise einschneidend sein kann in der

Entwickelung der Menschheit, wie alle die Ereignisse einschneidend waren, die zu Festen geführt haben. Es muß ganz gewiß dazu kommen, daß in allem Ernste ein Michael-Fest gefeiert werden kann, und es muß für dieses Michael-Fest aus der anthroposophischen Bewegung heraus ein Verständnis erwachsen können. Aber so wie äußere Ereignisse, Ereignisse im Objektiven des Werdens, zum Weihnachtsfest, zum Osterfest geführt haben, so muß etwas im Inneren der Menschheit – derjenigen Menschheit, die den Entschluß faßt, so etwas zu tun – ganz anders werden, als es vorher gewesen ist. Es muß Anthroposophie zu einem gründlichen Erlebnis werden, einem Erlebnis, von dem der Mensch wirklich in einer ähnlichen Weise so zu sprechen vermag, wie er zu sprechen vermag, wenn ihm die ganze Kraft, die in der Geburt des Christus Jesus liegt, die im Mysterium von Golgatha ist, aufgeht. Wie gesagt, im geringeren Maße mag das der Fall sein beim Michael-Fest, aber es muß so etwas von seelenumgestaltender Kraft aus der anthroposophischen Bewegung hervorgehen. Das möchte man, daß Anthroposophie diese Kraft bekäme, Seelen umzugestalten. Und das wird sie nur können, wenn dasjenige, was in ihren, wenn ich so sagen darf, Lehren liegt, tatsächlich Erlebnis wird.

Nun wollen wir gerade heute einiges von jenen Erlebnissen vor unsere Seele hinstellen, die durch Anthroposophie in das Innere des Menschen einziehen können. Wir unterscheiden ja im menschlichen Seelenleben Denken, Fühlen und Wollen, und wir sprechen, indem wir namentlich auf das Fühlen hinschauen, von dem menschlichen Gemüt. Wir finden unser Denken kalt, trocken, nüchtern, wir finden es uns gewissermaßen geistig auszehrend, wenn die Gedanken in abstrakter Form in unserer Seele leben, wenn wir nicht in der Lage sind, heraufzusenden in diese Gedanken die Wärme, den Enthusiasmus des Fühlens. Wir können einen Menschen nur dann gemütvoll nennen, wenn uns in seinen Gedanken, indem er sie zu uns äußert, etwas entgegenströmt von der inneren Wärme seines Gemütes. Und wir können eigentlich an einen Menschen erst dann heran, wenn er uns gegenüber nicht nur pflichtgemäß, korrekt handelt, wenn er auch der Welt gegenüber nicht bloß pflichtgemäß, korrekt handelt, sondern wenn in seinen Handlungen etwas liegt, das uns sehen läßt, es fließt in sie aus der Enthusiasmus seines Herzens, die Wärme, die Liebe für die Natur, für jedes Wesen. So sitzt gewissermaßen in der Mitte des Seelenlebens dieses menschliche Gemüt.

Aber wenn auch das Denken, wenn auch das Wollen einen bestimmten Charakter angenommen haben durch jene Tatsache, daß der Mensch ein kosmischer Einsiedler geworden ist, am meisten hat eigentlich das menschliche Gemüt einen bestimmten Charakter unter dieser kosmischen Einsiedelei bekommen. Das Denken mag seine vollkommenen Berechnungen über das Weltenall vor sich hinstellen, es ergötzt sich vielleicht an der Spitzfindigkeit dessen, was da errechnet wird, aber es empfindet eben nicht, wie fern es im Grunde genommen dem warmen Pulsschlag des Lebens steht. Und in dem korrekten, rein pflichtgemäßen Handeln kann sich mancher Mensch vielleicht befriedigen, ohne daß er so recht fühlt, wie das Leben in diesem nüchternen Handeln nur ein halbes Leben ist. Beides geht nicht ganz nahe an die menschliche Seele heran. Dasjenige aber, was zwischen Denken und Wollen liegt, alles das, was das menschliche Gemüt umfaßt, geht schon sehr, sehr nahe an das ganze menschliche Wesen heran. Und wenn wir manchmal glauben, daß auch das, was das Gemüt eigentlich erwärmen, erheben, enthusiasmieren soll, bei der eigentümlichen Anlage manches Menschen in der Gegenwart erkalten könne, so ist das eine Täuschung. Es ist doch schließlich so: Für das, was der Mensch innerlich erlebt, bewußt erlebt, läßt sich – sagen wir das Paradoxe – zur Not gemütlos sein, aber es läßt sich nicht gemütlos sein, ohne daß irgendwie doch durch die Gemütlosigkeit das menschliche Wesen ergriffen werde. Und wenn der Mensch es seelisch ertragen kann, vielleicht durch Seelenlosigkeit sich zur Gemütlosigkeit zwingt, so wird das in irgendeiner andern Form an seinem ganzen Wesen fressen, wird bis in die physische Organisation, bis in Gesundheit und Krankheit hinein fressen. Vieles, was in unserer Zeit an Niedergangserscheinungen auftritt, hängt im Grunde genommen gerade mit der Gemütlosigkeit zusammen, in die viele Menschen sich hineingefunden haben. Aber was alles mit diesen mehr im allgemeinen hingestellten Sätzen gemeint ist, wird uns erst entgegentreten, wenn wir die gestern begonnenen Betrachtungen ein wenig vertiefen.

Der Mensch, der einfach in die gegenwärtige Zivilisation hineinwächst, sieht die Dinge der Außenwelt an, nimmt sie wahr, macht sich darüber seine abstrakten Gedanken, hat vielleicht an der lieblichen Blüte, an der majestätischen Pflanze auch seine herzliche Freude, seine herzliche Befriedigung, gewinnt sogar vielleicht, wenn er Phantasie hat, ein gewisses inneres Bild von der lieblichen Blüte, von der majestätischen Pflanze. Allein er ahnt nicht, welches seine tiefere Beziehung ist – sagen wir zunächst, um das eine herauszugreifen – zu der Welt der Pflanzen. Es genügt wahrhaftig für eine geistige Anschauung nicht, daß wir von Geist und Geist und wieder Geist reden, sondern es ist da nötig, daß wir uns der wahrhaftig geistigen Beziehungen bewußt werden, die wir zu den Dingen um uns herum haben.

Wenn wir eine Pflanze betrachten, wie man es gewohnt ist, sie heute zu betrachten, so ahnt man gar nicht, daß in dieser Pflanze eine elementarische Wesenheit steckt, ein Geistiges steckt, daß in jeder solchen Pflanze etwas drinnen ist, dem es nicht genügt, daß wir sie anschauen und uns die abstrakte Bildvorstellung machen, die wir uns heute gemeiniglich auch von Pflanzen machen. Denn in jeder solchen Pflanze steckt elementarisches geistiges Wesen, aber es steckt so darinnen, daß es gewissermaßen in der Pflanze verzaubert ist. Und im Grunde genommen schaut nur derjenige eine Pflanze richtig an, der sich sagt: Dies ist in aller Schönheit die Umhüllung eines geistigen Wesens, das drinnen verzaubert ist. – Gewiß, im großen kosmischen Zusammenhange ein relativ unbedeutendes Wesen, aber ein Wesen, das eine tiefe Beziehung zum Menschen hat.

Der Mensch ist eigentlich so innig verknüpft mit der Welt, daß er keinen Gang in die Natur machen kann, ohne daß die intimen Beziehungen, in denen er zur Welt steht, eine intensive Bedeutung für ihn haben. Wenn die Lilie auf dem Felde erwächst aus dem Keim, bis zur Blüte kommt, dann müssen wir uns schon – ohne Personifikation – ganz intensiv vorstellen, daß diese Lilie auf etwas wartet. Ich muß es mit Menschenworten wiederum aussprechen, wie ich das gestrige Bild auch mit Menschenworten aussprechen mußte. Die Menschenworte treffen natürlich die Dinge nicht ganz, aber sie drükken doch das aus, was als Realität in den Dingen drinnen ist. Diese Lilie, indem sie ihre Blätter, aber namentlich ihre Blüte entfaltet, wartet eigentlich auf etwas. Sie sagt sich: Es werden Menschen an mir vorübergehen, Menschen, die mich anschauen, und wenn genügend Menschenaugen ihren Blick auf mich geheftet haben werden, dann werde ich – so sagt der Geist der Lilie – aus der Verzauberung entzaubert sein und werde meinen Weg in geistige Welten antreten können! – Gewiß, Sie werden sagen: Es wachsen viele Lilien, auf die nicht menschliche Augen blicken. – Bei denen ist das eben anders. Lilien, auf die nicht menschliche Augen blicken, finden ihre Entzauberung auf einem andern Wege. Denn das erste menschliche Auge, das auf eine Lilie blickt, ruft die Bestimmung hervor, daß diese Lilie durch Menschenaugen entzaubert werde. Es ist ein Verhältnis, das die Lilie zum Menschen eingeht, indem der Mensch zuerst seinen Blick auf die Lilie wirft. Überall in unserer Umgebung sind diese elementarischen Geister, und sie rufen uns eigentlich zu: Schauet doch nicht so abstrakt die Blumen an und macht euch nicht bloß die abstrakten Bilder davon, sondern habt ein Herz, ein Gemüt für das, was geistig-seelisch in den Blumen wohnt. Das will durch euch aus seiner Verzauberung erlöst werden. – Und das menschliche Dasein sollte eigentlich eine fortdauernde Erlösung sein verzauberter Elementargeister in den Mineralien, Pflanzen und Tieren.

Eine solche Idee kann in ihrer vollen Schönheit empfunden werden. Aber gerade indem sie im richtigen geistigen Sinne erfaßt wird, kann sie auch im Lichte der vollen Verantwortlichkeit empfunden werden, in die sich der Mensch dadurch zum ganzen Kosmos hineinstellt. Und die Art und Weise, wie sich der Mensch in der Gegenwart, in der Zivilisationsepoche der Entwickelung der Freiheit zu den Blumen verhält, ist eigentlich ein Nippen an demjenigen, an dem er eigentlich trinken sollte. Er nippt, indem er sich Begriffe und Ideen bildet, und er sollte trinken, indem er mit seinem Gemüt sich mit den Elementargeistern der Dinge und Wesenheiten um ihn herum verbindet.

Ich sagte: Wir brauchen nicht zu denken an diejenigen Lilien, auf die niemals ein menschlicher Blick fällt, aber wir müssen an diejenigen denken, auf die der menschliche Blick fällt, denn die bedürfen des Gemütsverhältnisses, das der Mensch zu ihnen eingehen kann. Nun aber, von der Lilie geht die Wirkung aus. Und mannigfaltig, großartig und gewaltig sind die geistigen Wirkungen, die fortwährend von den Dingen der Natur an den Menschen herantreten, indem der Mensch seinen Weg durch die Natur nimmt. Derjenige, der in diese Dinge hineinschauen kann, sieht eigentlich fortdauernd, wie unendlich mannigfaltig und großartig alles das ist, was an den Menschen von allen Seiten durch die Elementargeistigkeit der Natur heranströmt. Und es strömt in ihn ein. Es ist dasjenige, was – ich habe es gestern im Sinne der äußeren Vorstellung auseinandergesetzt – aus dem Spiegel der äußeren Natur, die ein Spiegel des Göttlich-Geistigen ist, fortwährend dem Menschen als ein Geistiges entgegenströmt, das da ist als ein Übersinnliches, das über die Natur ergossen ist.

Aber nun ist – wir werden über diese Dinge im Sinne wirklicher anthroposophischer Vorstellung in den nächsten Tagen noch genauer zu sprechen haben – zunächst in dem Menschen diejenige Kraft enthalten, die ich gestern als die Kraft des Drachen beschrieben habe, die Michael bekämpft, des Drachen, mit dem Michael im Streit ist. Ich habe angedeutet, wie dieser Drache zwar eine tierähnliche Gestalt hat, aber eigentlich ein übersinnliches Wesen ist, wie er durch seine Widersetzlichkeit als übersinnliches Wesen in die Sinneswelt verstoßen ist und nun in ihr haust. Ich habe angedeutet, wie er nur im Menschen ist, weil die äußere Natur ihn nicht haben kann. Die äußere Natur in ihrer Unschuld, als ein Spiegel der göttlichen Geistigkeit, hat mit dem Drachen nichts zu tun. Ich habe gestern dargestellt, wie er in den Menschenwesenheiten sitzt. Dadurch aber, daß er ein solches Wesen ist, daß er ein Übersinnliches in der Sinneswelt ist, zieht er in demselben Augenblicke dasjenige an, was aus den Weiten der Natur an den Menschen als übersinnliches Elementarisches heranströmt, verbindet sich mit dem, und statt daß der Mensch durch seine Seelenhaftigkeit, durch sein Gemüt die Elementarwesen, sagen wir der Pflanzen, aus ihrer Verzauberung erlöst, verbindet er sie mit dem Drachen, läßt er sie in seiner niederen Natur mit dem Drachen untergehen. Denn alles in der Welt ist in der Strömung einer Entwickelung, nimmt die verschiedensten Wege der Entwickelung. Und jene Elementarwesen, die in den Mineralien, Pflanzen und Tieren leben, müssen zu höherem Dasein aufsteigen, als sie es haben können in den gegenwärtigen Mineralien, Pflanzen und Tieren. Das können sie nur, wenn sie durch den Menschen durchgehen. Der Mensch ist wahrhaftig auf der Erde nicht nur dazu da, daß er die äußere Kultur begründet. Der Mensch hat innerhalb der ganzen Weltenentwickelung ein kosmisches Ziel, und dieses kosmische Ziel hängt mit solchen Dingen zusammen, wie ich sie eben beschrieben habe: mit der Höherentwickelung jener Elementarwesen, die im irdischen Dasein auf einer niederen Stufe stehen, aber zu einer höheren Stufe bestimmt sind, und die, wenn der Mensch in ein bestimmtes Verhältnis zu ihnen kommt, und wenn das alles mit rechten Dingen zugeht, zu einer höheren Entwickelungsstufe kommen können.

Es war nun in der Tat in den alten Zeiten der instinktiven Menschenentwickelung, da die Menschen in ihrem Gemüt als Erleben hatten das Seelisch-Geistige, und da ihnen das Geistig-Seelische ebenso ein Selbstverständliches war wie das Natürliche, so, daß in der Tat die Weltenentwickelung vorrückte, indem gewissermaßen die Strömung des Daseins durch den Menschen in einer regelrechten Weise durchging. Aber gerade in der Epoche, die jetzt ihren Abschluß finden muß, die jetzt zu einer höheren Geistigkeit vorrücken muß, ist es so gewesen, daß Unzähliges von Elementarwesenhaftigkeit innerhalb des Menschen dem Drachen ausgeliefert worden ist. Denn es ist gerade das die Wesenhaftigkeit dieses Drachen, daß er dürstet und hungert nach diesen Elementarwesen; er möchte überall herumschleichen, er möchte alle Pflanzen und Mineralien abschlecken, um in sich die Elementarwesen der Natur aufsaugen zu können. Denn mit denen will er sich verbinden, mit denen will er sein eigenes Dasein durchdringen. In der außermenschlichen Natur kann er das nicht, er kann es nur in der innermenschlichen Natur. Er kann es nur in der menschlichen Natur, weil dort für ihn eine Möglichkeit des Daseins ist. Und wenn das so fortginge, dann wäre die Erde dem Verfall anheimgegeben, dann würde unbedingt der Drache, von dem ich gestern gesprochen habe, im irdischen Dasein siegen. Er würde aus einem ganz bestimmten Grunde siegen, weil dadurch, daß er sich gewissermaßen in der Menschennatur vollsaugt mit den Elementarwesen, etwas geschieht.

Es geschieht dadurch physisch, seelisch und geistig etwas. Geistig: nun, der Mensch würde niemals zu dem albernen Glauben an eine bloß materielle Außenwelt, wie sie die Naturforschung heute annimmt, würde niemals zu einer Annahme von toten Atomen kommen, wie er heute kommt, und zu ähnlichem. Der Mensch würde niemals zu solchen fortschrittfeindlichen Gesetzen kommen, wie dem von der Erhaltung der Kraft und der Energie und der Erhaltung der Materie und dergleichen, wenn nicht der Drache in ihm die Elementarwesen von außen aufsaugen würde. Dadurch, daß die Elementarwesen von außen in ihm sitzen, wird der menschliche Blick von dem Geistigen der Dinge abgelenkt. Wenn der Mensch nach außen sieht, dann sieht er nicht mehr das Geistige in den Dingen, das mittlerweile in ihn eingezogen ist, sondern er sieht nur die tote Materie.

Und im Seelischen? Alles, was der Mensch jemals geäußert hat an demjenigen, was ich Feigheiten der Seele nennen möchte, rührt von dem her, was der Drache an Elementargewalten in ihm aufsaugt. Oh, wie sind sie verbreitet, diese Feigheiten der Seele! Der Mensch weiß ganz gut: Dies oder jenes soll ich tun, dies oder jenes ist in einer bestimmten Lage das Richtige. – Er kann sich nicht dazu aufraffen, er kann es nicht tun, irgend etwas wirkt als seelische Schwere in ihm. Es sind die Elementarwesen im Leibe des Drachen, die in ihm wirken.

Und physisch? Der Mensch würde niemals von demjenigen geplagt werden, was man die Bazillen der Krankheiten nennt, wenn nicht in ihm durch jene geistigen Wirkungen, die ich jetzt beschrieben habe, sein Leib fähig gemacht würde, ein Boden für Bazillenwirkungen zu sein. Bis in die physische Organisation gehen diese Dinge hinein. Und man möchte sagen: Sieht man richtig den Menschen in geistiger, seelischer und physischer Verfassung, sieht man, wie er nach diesen drei Richtungen hin heute ist, so sieht man, daß – allerdings zu einem guten Zwecke, zum Zwecke der Erlangung seiner Freiheit – der Mensch nach drei Richtungen hin vom Geistigen abgeschnitten worden ist, daß er die geistigen Kräfte nicht mehr in sich hat, die er haben könnte. Und so sehen Sie, wie durch diese dreifache Schwächung seines Lebens, durch das, was der vollgesogene Drache in dem Menschen geworden ist, der Mensch abgehalten wird, die Schlagkraft des Geistigen in sich zu erleben.

Es gibt zweierlei Art, Anthroposophie zu erleben. Es gibt noch mannigfaltige Differenzierungen dazwischen, ich will nur die beiden Extreme anführen. Die eine Art ist diese: Man setzt sich auf seinen Stuhl, nimmt ein Buch, liest es, findet es ja ganz interessant, findet es tröstlich für den Menschen, daß es einen Geist gibt, daß es eine Unsterblichkeit gibt, man findet sich recht wohl dabei, daß es das gibt und daß der Mensch der Seele nach nicht tot ist, wenn er auch dem Körper nach tot ist. Man findet sich mehr befriedigt an einer solchen Weltanschauung als an einer materialistischen, man nimmt sie auf, wie man vielleicht die abstrakten Gedanken der Geographie aufnimmt, nur daß, was er bei der Anthroposophie erhält, für den Menschen tröstlicher ist. Gewiß, das ist die eine Art: Man steht von seinem Sitz wieder so auf, wie man sich eigentlich niedergesetzt hat, nur daß man eine gewisse Befriedigung an der Lektüre gehabt hat. Ich könnte ja auch von einem Vortrage reden, statt von der Lektüre. Nun gibt es eine andere Art, Anthroposophie auf sich wirken zu lassen, die Art, daß man Dinge, wie zum Beispiel die Idee vom Streite Michaels mit dem Drachen, so in sich aufnimmt, daß man eigentlich innerlich verwandelt wird, daß es einem ein wichtiges, einschneidendes Erlebnis ist, und daß man im Grunde genommen als ein ganz anderer von seinem Sitze wieder aufsteht, nachdem man so etwas gelesen hat. Zwischen diesen beiden Arten gibt es noch alle möglichen Nuancen.

Auf die erste Art Leser kann zum Beispiel gar nicht gerechnet werden, wenn von der Wiederbelebung des Michael-Festes die Rede ist, sondern es kann nur auf diejenigen gerechnet werden, die vielleicht, wenigstens annähernd in ihrem Willen das haben, Anthroposophie als etwas Lebendiges in sich aufzunehmen. Und das ist dasjenige, was innerhalb der anthroposophischen Bewegung erlebt werden sollte: diese Notwendigkeit, die Gedanken, die man zunächst als Gedanken empfängt, als Lebensmächte zu empfinden. Ich werde jetzt etwas ganz

Paradoxes sagen: Manchmal begreift man die Gegner der Anthroposophie viel besser als die Anhänger. Die Gegner sagen: Ach, diese anthroposophischen Gedanken sind phantastisch, sie entsprechen keiner Wirklichkeit. – Die Gegner weisen sie ab, sie sind nicht weiter von ihnen berührt. Man kann ein solches Verhältnis gut verstehen, man kann die verschiedensten Gründe dafür anführen, meistens ist es die Furcht vor diesen Gedanken, die nur unbewußt bleibt, aber immerhin, es ist ein Verhältnis. Oftmals aber kommt dieses vor, daß die Gedanken zwar aufgenommen werden, daß man aber durch die Gedanken, die von alledem abweichen, was sonst in der Welt aufgenommen werden kann, nicht einmal so viel fühlt, wie man fühlt, wenn man an den Knopf einer Elektrisiermaschine den Knöchel hält und elektrisiert wird. Da fühlt man durch den elektrischen Funken wenigstens körperlich einiges Zucken. Ein solches Einschlagen eines Funkens in die Seele ist dasjenige, was einem, wenn es nicht vorhanden ist, so ungeheuren Schmerz machen kann. Dies hängt mit dem zusammen, daß unsere Zeit notwendig hat für die Menschen, nicht nur vom Physischen ergriffen zu werden, sondern notwendig hat, vom Geistigen ergriffen und gepackt zu werden. Der Mensch vermeidet es, gestoßen, gezerrt zu werden, aber er vermeidet es nicht, Gedanken an sich herankommen zu lassen, die von andern Welten handeln, die sich als etwas ganz Besonderes in die gegenwärtige Welt der Sinne hereinstellen, und vermeidet es nicht, diesen Gedanken gegenüber dieselbe Gleichgültigkeit zu haben wie den Gedanken der Sinne gegenüber.

Dieses Sich-Aufschwingen dazu, daß man von den Gedanken über das Geistige so erfaßt werden kann wie durch irgend etwas Physisches in der Welt: das ist Michael-Kraft! Vertrauen haben zu den Gedanken des Geistigen, wenn man die Anlage dazu hat, sie überhaupt aufzunehmen, so daß man weiß: Du hast diesen oder jenen Impuls aus dem Geistigen. Du gibst dich ihm hin, du machst dich zum Werkzeug seiner Ausführung. Ein erster Mißerfolg kommt – macht nichts! Ein zweiter Mißerfolg kommt – macht nichts! Und wenn hundert Mißerfolge kommen – macht nichts! Denn kein Mißerfolg ist jemals ausschlaggebend für die Wahrheit eines geistigen Impulses, dessen Wirkung innerlich durchschaut und ergriffen ist. Denn erst dann hat man

Vertrauen, das richtige Vertrauen zu einem geistigen Impuls, den man in einem bestimmten Zeitpunkt faßt, wenn man sich sagt: Hundert Male habe ich Mißerfolg gehabt, das kann mir aber höchstens beweisen, daß für mich in dieser Inkarnation die Bedingungen zur Realisierung dieses Impulses nicht gegeben sind. Daß dieser Impuls aber richtig ist, das schaue ich durch seinen eigenen Charakter. Und wenn es auch erst nach der hundertsten Inkarnation sein wird, daß für diesen Impuls die Kräfte zu seiner Realisierung mir erwachsen – nichts kann mich überzeugen von der Durchschlagskraft oder Nichtdurchschlagskraft eines geistigen Impulses als dessen eigene Natur. – Wenn Sie sich dies im Gemüte des Menschen als das große Vertrauen für irgend etwas Geistiges ausgebildet denken, wenn Sie sich denken, daß der Mensch felsenfest halten kann an etwas, was er als ein geistig Siegendes durchschaut hat, so festhalten kann, daß er es auch dann nicht losläßt, wenn die äußere Welt noch so sehr dagegen spricht, wenn Sie sich dies vorstellen, dann haben Sie eine Vorstellung von dem, was eigentlich die Michael-Kraft, die Michael-Wesenheit von dem Menschen will, denn dann erst haben Sie eine Anschauung von dem, was das große Vertrauen in den Geist ist. Man kann irgendeinen geistigen Impuls zurückstellen, selbst für die ganze Inkarnation zurückstellen, aber hat man ihn einmal gefaßt, so darf man niemals wanken, ihn in seinem Inneren zu hegen und zu pflegen; dann allein kann man ihn aufsparen für die folgenden Inkarnationen. Und wenn auf diese Weise das Vertrauen zu dem Geistigen eine solche Seelenverfassung begründet, daß man in die Lage kommt, dieses Geistige als so real zu empfinden wie den Boden unter unseren Füßen, von dem wir wissen, daß, wenn er nicht da wäre, wir mit unseren Füßen nicht auftreten könnten, dann haben wir ein Gefühl in unserem Gemüte von dem, was eigentlich Michael von uns will.

Sie werden ohne Zweifel zugestehen, daß von diesem Vertrauen, von diesem aktiven Vertrauen in den Geist im Laufe der letzten Jahrhunderte, ja des letzten Jahrtausends der Menschheit unendlich viel dahingeschwunden ist, daß es eigentlich heute für die meisten Menschen so ist, daß gar nicht aus dem Leben die Zumutung an sie herantritt, ein solches Vertrauen zu entwickeln. Das aber ist es, was kommen mußte. Denn was sage ich damit eigentlich, indem ich dieses ausspreche? Ich sage: Im Grunde genommen hat der Mensch die Brücke zur Michael-Kraft hinter sich abgebrochen. Aber in der Welt hat sich mittlerweile manches ereignet. Der Mensch ist gewissermaßen von der Michael-Kraft abgefallen; der starre und straffe Materialismus des 19. Jahrhunderts ist ja ein Abfall von der Michael-Kraft. Aber im Objektiven, im äußeren Geistigen hat die Michael-Kraft gesiegt, hat gerade im letzten Drittel des 19. Jahrhunderts gesiegt. Dasjenige, was der Drache hat erreichen wollen, durch die menschliche Entwickelung hat erreichen wollen, das wird nicht erreicht werden. Aber das andere Große steht heute vor der menschlichen Seele, daß der Mensch aus eigenem, freiem Entschluß den Sieg des Michael über den Drachen wird mitmachen müssen. Das aber bedingt, daß der Mensch wirklich die Möglichkeit findet, aus jener Passivität des Verhältnisses zum Geistigen, in dem er heute so vielfach ist, herauszutreten und in ein aktives Verhältnis zum Geistigen zu kommen. Die Michael-Kräfte lassen sich nicht erringen – auch nicht durch das passive Gebet – durch irgendeine Art von Passivität. Die Michael-Kräfte lassen sich einzig und allein dadurch erringen, daß der Mensch mit seinem liebevollen Willen sich zum Werkzeug für die göttlich-geistigen Kräfte macht. Denn die Michael-Kräfte wollen nicht, daß der Mensch zu ihnen fleht, sie wollen, daß der Mensch sich mit ihnen verbündet. Das kann der Mensch, wenn er mit innerer Energie die Lehren von der geistigen Welt aufnimmt.

So können wir hindeuten auf dasjenige, was im Menschen eintreten muß, damit der Michael-Gedanke wieder lebendig werden kann. Der Mensch muß das Erlebnis des Geistigen wirklich haben können. Er muß dieses Erlebnis des Geistigen aus dem bloßen Gedanken, nicht etwa erst aus irgendeiner Hellsichtigkeit heraus, gewinnen können. Es wäre schlimm, wenn jeder Mensch hellsichtig werden müßte, um dieses Vertrauen zu dem Geist haben zu können. Dieses Vertrauen zu dem Geist kann ein jeder haben, der überhaupt nur Empfänglichkeit hat für die Lehren der Geisteswissenschaft. Durchdringt sich der Mensch immer mehr und mehr mit diesem Vertrauen für das Geistige, dann wird über ihn etwas kommen wie eine Inspiration, eine Inspiration, auf die eigentlich alle guten Geister der Welt warten. Der Mensch wird den Frühling erleben, so erleben, daß er die Schönheit, die Lieblichkeit der Pflanzenwelt empfindet, daß er seine innigste Freude über das sprießende, sprossende Leben hat, aber er wird zu gleicher Zeit ein Gefühl dafür bekommen, daß in allem sprießenden, sprossenden Leben elementarisch Geistiges verzaubert ist. Er wird ein Gefühl, einen Gemütsinhalt dafür bekommen, daß jeder Blütensproß ihm Zeuge wird für die Tatsache, daß in der blühenden Pflanze Wohnung nimmt ein verzaubertes Elementarwesen. Und der Mensch wird ein Gefühl dafür bekommen, wie in diesem Elementarwesen die Sehnsucht lebt, gerade durch ihn erlöst zu werden, nicht übergeben zu werden dem Drachen, dem es durch seine eigene Unsichtbarkeit ja verwandt ist. Der Mensch wird ein Gefühl dafür bekommen, wenn dann die Blumen im Herbste abwelken, daß es ihm gelungen ist, etwas beizutragen, damit die Welt in ihrer Geistigkeit wiederum ein Stückchen weiterkomme, und daß mit der abwelkenden und sich senkenden Blüte, mit der Blüte, die in den Samen übergeht, die hart und welk wird, ein Elementarwesen aus der Pflanze schlüpft. Entsprechend dem, wie sich der Mensch mit der starken Michael-Kraft durchdrungen hat, wird er es sein, der dieses elementarische Wesen nach aufwärts führt, in die Geistigkeit, nach der es strebt.

Und der Mensch wird den Jahreslauf miterleben. Er wird den Frühling erleben wie die Geburt von Elementarwesen, die nach Geistigkeit streben, und er wird den Herbst erleben wie die Befreiung dieser Elementarwesen aus den abwelkenden Pflanzen, aus den abwelkenden Blüten und so weiter. Der Mensch wird nicht nur für sich allein als ein kosmischer Einsiedler im Herbste um ein halbes Jahr älter geworden sein, als er im Frühling war. Der Mensch wird zusammen mit der werdenden Natur dann um ein Stück des Lebens fortgeschritten sein. Der Mensch wird nicht bloß so und so oft den physischen Sauerstoff ein- und ausgeatmet haben, er wird teilgenommen haben an dem Werden der Natur, teilgenommen haben an der Verzauberung und Entzauberung von Geistwesen in der Natur. Der Mensch wird nicht nur sein Älterwerden empfinden, er wird die Verwandlung der Natur mit als sein Schicksal empfinden. Er wird zusammenwachsen mit dem, was draußen wächst, er wird größer werden in seinem Wesen, indem sich sein Individuelles als freies Wesen in das Kosmische hineinopfernd ergießen kann. Das wird dasjenige sein, was er beitragen kann zum günstigen Entscheid des Streites Michaels mit dem Drachen.

Und so können wir darauf hinweisen, daß dasjenige, was zu einem Michael-Fest führen kann, ein menschliches Gemütsereignis sein muß, das Gemütsereignis, das in der angedeuteten Weise den Jahreslauf wiederum wirklich als ein Reales erlebt. Sagen Sie aber nicht, indem Sie diesen abstrakten Gedanken hinstellen vor Ihre Seele, Sie würden dieses erleben, sagen Sie das erst, wenn Sie tatsächlich Anthroposophie so aufgenommen haben, daß Anthroposophie Sie jede Pflanze, jeden Stein anders anschauen lehrt, als Sie vorher die Pflanze oder den Stein angeschaut haben, sagen Sie es auch erst, nachdem die Anthroposophie Sie gelehrt hat, das ganze Menschenleben in seinem Werden anders anzuschauen.

Ich wollte Ihnen dadurch eine Art Blick geben auf dasjenige, was sich gerade im menschlichen Gemüt vorbereiten muß, damit dieses Menschengemüt geeignet werde, die Natur um sich herum zu empfinden wie die eigne Wesenheit. Notdürftig haben sich die Menschen noch bewahrt, sagen wir, ihren Blutkreislauf so zu erleben, daß sich in ihm zugleich ein Seelisches neben dem Materiellen abspielt. Wenn die Menschen nicht krasse Materialisten sind, haben sie sich das noch bewahrt. Aber den Pulsschlag des äußeren Daseins wie das Innere zu empfinden, den Jahreslauf wieder so mitzuerleben, wie man das Leben innerhalb seiner eigenen Haut erlebt, das ist das, was zum Michael-Fest vorbereiten muß.

Ich möchte, daß diese Vorträge – wie sie dazu bestimmt sind, die Beziehungen zwischen der Anthroposophie und dem menschlichen Gemüt vor die Seele zu rücken – auch wirklich nicht bloß aufgefaßt werden mit dem Kopfe, sondern daß sie gerade auch mit dem Gemüte aufgefaßt werden. Denn eigentlich ist alle Anthroposophie ziemlich vergeblich in der Welt und unter den Menschen, die nicht mit dem Gemüte aufgefaßt wird, die nicht Wärme hineinträgt in dieses menschliche Gemüt. Gescheitheit haben die letzten Jahrhunderte reichlich

—

über die Menschen gebracht; im Denken sind die Menschen so weit fortgeschritten, daß sie schon gar nicht mehr wissen, wie gescheit sie sind. Das ist schon so. Gewiß glaubt mancher, die Menschen wären dumm in der Gegenwart. Es mag zwar zugegeben werden, daß es auch Dumme gibt, aber dies ist eigentlich nur aus dem Grunde, weil die Gescheitheit so groß geworden ist, daß die Menschen aus einer Schwäche ihres Gemütes heraus mit ihrer Gescheitheit nichts anzufangen wissen. Ich sage immer, wenn es von jemandem heißt, er wäre dumm: Da ist nichts anderes im Spiele, als daß der mit seiner Gescheitheit nichts anzufangen weiß. Ich habe schon vielen Verhandlungen zugehört, wo über den einen oder andern Redner deshalb gelacht worden ist, weil man ihn für dumm hielt, manchmal aber erschienen mir die, über die man am meisten lachte, wirklich als die Gescheitesten. Gescheitheit also haben die letzten Jahrhunderte den Menschen genug gebracht. Was sie aber heute brauchen, ist Wärme des Gemütes, und die kann die Anthroposophie geben. Wenn jemand Anthroposophie studiert und sagt, sie lasse ihn kalt, dann kommt er mir vor wie einer, der Holz in den Ofen legt und wieder Holz hineinlegt und dann sagt: Es wird ja ewig nicht warm. – Aber er sollte nur das Holz anzünden, dann wird es schon warm werden! Die Anthroposophie kann man vortragen, sie ist das gute Holz der Seele; aber anzünden kann es jeder nur selber. Das ist das, was jeder in seinem Gemüte finden muß: das Zündholz für die Anthroposophie. Wer die Anthroposophie kalt und nüchtern und intellektuell findet, dem fehlt nur die Möglichkeit, diese sehr brennende, sehr wärmende und das Gemüt durchseelende Anthroposophie anzuzünden, so daß sie ihn mit ihrem Feuer durchglühen kann. Und so wie man für das gewöhnliche Holz nur ein kleines Zündholz braucht, so braucht man auch für die Anthroposophie nur ein kleines Zündholz. Damit aber werden wir die Michael-Kraft im Menschen entzünden können.

DRITTER VORTRAG

Wien, 30. September 1923

Ich habe Ihnen im ersten dieser Vorträge darzulegen versucht, wie als eine menschenbestimmende Idee, eigentlich als ein menschenbestimmender Impuls selbst bis ins 18. Jahrhundert herein der Streit Michaels mit dem Drachen vorhanden war, und ich habe dann im zweiten der Vorträge versucht zu zeigen, wie eine fruchtbare Wiederbelebung dieses Impulses möglich ist und eigentlich auch möglich werden muß. Bevor wir nun aber über das Besondere, sagen wir der Einrichtung eines Michael-Festes im Herbstbeginn des Jahres sprechen, was ich dann morgen tun will, möchte ich auch heute noch von einzelnen Vorbedingungen zu einer solchen Absicht sprechen.

Es handelt sich darum, daß solche Impulse wie der Michael-Impuls eigentlich immer damit zusammenhängen, daß der Mensch eine übersinnliche Einsicht bekommt in seinen Zusammenhang nicht nur mit den Erdenverhältnissen, sondern mit den kosmischen Verhältnissen, daß er lernt, sich nicht nur als ein Erdenbürger zu fühlen, sondern als ein Bürger des ihm wahrnehmbaren Weltenalls, sei es auf geistige Art wahrnehmbar, sei es im Abbilde auf physische Art. Nun sind in der allgemeinen Bildung heute die Bedingungen zum Erfühlen des Zusammenhanges des Menschen mit dem Kosmos möglichst geringe. Wir müssen sagen: Der Mensch kennt gewiß auch durch seine materialistisch kolorierte Wissenschaft die Erdenverhältnisse bis zu einem solchen Grade, daß er – wenigstens was sein materielles Leben im weiteren Sinne des Wortes betrifft – sich mit diesen Erdenverhältnissen verbunden fühlt. Begeisternd wirkt allerdings dieses Wissen von einem solchen Verbundensein nicht. Deshalb sind alle äußeren Zeichen für ein solches Verbundensein eigentlich schattenhaft geworden. Schattenhaft sind die menschlichen Gefühle für die traditionell überkommenen Feste. Während diese Feste – das Weihnachtsfest, das Osterfest – in alten Zeiten der Menschheitsentwickelung einen tiefgehenden Einfluß auf das ganze soziale Leben, auf die sozialen Einrichtungen hatten, sind sie heute kaum etwas anderes als ein schattenhafter Abglanz dessen, was sie einmal waren, dieser lebt sich aus in allerlei Gebräuchen, die aber eine tiefgehende soziale Bedeutung nicht mehr haben.

Wenn man daran denken muß, das Michael-Fest gerade mit seiner sozialen Tragweite – von ihr werde ich morgen sprechen – irgendwie zu realisieren, dann muß natürlich erst eine Empfindung davon geschaffen werden, was ein solches Michael-Fest bedeuten könnte. Denn ein solches Michael-Fest dürfte nicht denselben Charakter tragen wie heutige Festlichkeiten, sondern es müßte herausgeholt sein, wie ich schon vorgestern hier andeutete, aus Tiefen der menschlichen Wesenheit. An die wird man aber nur herankommen, wenn man wieder eindringt und eintritt in den Zusammenhang des Menschen mit dem außerirdischen Kosmos und mit dem, was sich aus dem außerirdischen Kosmos für den Jahreslauf ergibt. Ich möchte Ihnen, um auf dasjenige hinzudeuten, was ich eigentlich hiermit meine, nur vor die Seele führen, wie abstrakt, wie schrecklich wenig den Menschen berührend alles dasjenige ist, was heute in das Menschenbewußtsein an Gefühlen, Empfindungen über das außerirdische Weltenall hereinkommt. Denken Sie nur in dieser Beziehung an alles das, was heute Astronomie, Astrophysik und so weiter leisten. Sie errechnen den Weg der Planeten, meinetwillen die Orte der Fixsterne, sie kommen dazu, durch spektralanalytische Untersuchungen Schlüsse zu ziehen auf die stoffliche Zusammensetzung dieser Weltenkörper. Aber was alles da auf diese Weise herauskommt, was hat es denn für einen Bezug auf das innere, intime Seelenleben des Menschen? Dieser Mensch fühlt sich gerade mit all dieser Himmelsweisheit als Einsiedler auf dem, was er als Erdenplaneten ansieht. Und dasjenige, was heute als Denkungsart mit diesen Dingen verknüpft wird, ist im Grunde genommen nur ein System von sehr engmaschigen Begriffen.

Betrachten wir einmal, um uns das vor die Seele zu führen, einen im gewöhnlichen Leben durchaus vorhandenen, wenn auch minderwertigen Bewußtseinszustand: den Bewußtseinszustand des traumerfüllten Schlafes. Ich will Ihnen nur mit ein paar Worten, damit wir Anhaltspunkte für die heutige Betrachtung gewinnen, das vor Augen führen, was sich auf den traumerfüllten Schlaf bezieht.

Der traumerfüllte Schlaf knüpft entweder an, wie ich schon gestern im öffentlichen Vortrage sagte, an innere Zustände des menschlichen Organismus, verwandelt solche inneren Zustände des Organismus in Bilder, die wie Sinnbilder aussehen, so daß zum Beispiele die Herzbewegungen symbolisiert werden in Feuerflammen und dergleichen; wir werden sehr leicht im einzelnen konkret herausfinden können, wie Traumessinnbilder mit inneren organischen Zuständen und Vorgängen zusammenhängen. Oder es symbolisieren sich äußere Ereignisse des Lebens, die als Erinnerungen in uns vorhanden sind und dergleichen. Es ist unter allen Umständen in die Irre führend, wenn man den Vorstellungsinhalt des Traumes sehr stark ernst nimmt. Er ist interessant, er hat eine sensationelle Seite, er ist das, was viele Menschen außerordentlich interessiert, für den aber, der tiefer in die menschliche Natur hineinschaut, ist der vorstellungsmäßige Trauminhalt von einer außerordentlich geringen Bedeutung. Dagegen ist der dramatische Ablauf des Traumes von der allergrößten Bedeutung. Ich will es durch ein Beispiel veranschaulichen.

Es kann jemand träumen, er unternehme eine Bergpartie. Die Bergpartie ist außerordentlich schwierig, je höher er steigt, desto schwieriger wird sie. Er kommt so in eine Region, wo ihn die Kraft verläßt, er kann nicht mehr weiter, die Verhältnisse werden so ungünstig, daß er nicht weiter aufsteigen kann, er muß stehenbleiben. Etwas wie Ängstlichkeit, etwas von Enttäuschung kommt noch in seinen Traum hinein. Vielleicht wacht er dann auf. Es liegt diesem Traume etwas zugrunde, was man eigentlich nicht in dem Vorstellungsmäßigen der Traumbilder sehen sollte, sondern in dem gefühlsmäßigen Erleben einer Absicht, in der Steigerung der Hindernisse, die dieser Absicht sich entgegenstellen, und im Ankommen an immer unüberwindlicheren Hindernissen. Denken wir uns das alles in gefühlsmäßig-dramatischer Weise verlaufend, so haben wir gewissermaßen einen Gefühlsinhalt, der als dramatischer Inhalt hinter den eigentlichen Vorstellungsbildern des Traumes lebt. Dasselbe, was in diesem Gefühlsinhalt liegt, könnte nun auch ganz anders geträumt werden. Der Betreffende könnte träumen, er gehe in eine Höhle hinein, es wird immer finsterer und finsterer, er tastet sich immer weiter und weiter fort, kommt endlich in ein sumpfiges Gebiet. Da watet er noch ein bißchen, aber nachdem er lange genug gewatet hat, kommt er an eine Art Morast. Er kann nicht weiter. Dieselbe Gefühls- und Empfindungsdramatik liegt in diesem Bilde. Derselbe Traum in seinem dramatischen Inhalt könnte noch auf viele Arten geträumt werden.

Der Vorstellungsinhalt eines Traumes kann immer verschieden sein. Das, was hinter dem Traume an Bewegungen, an Spannung und Entspannung, an Erwartung und Enttäuschung liegt, ist das Wesentliche für den Traum. Aber der Traum kleidet sich in Bilder. Wodurch entstehen diese Bilder? Sie entstehen dadurch, daß zum Beispiel beim Aufwachen irgend etwas erlebt wird von dem Ich und dem astralischen Leib, die außerhalb des physischen Leibes und des ätherischen Leibes sind. Was da erlebt wird als übersinnliches Erleben, ist selbstverständlich etwas, was sich gar nicht auf Bilder aus der sinnlichen Welt zurückbringen läßt, aber indem Ich und astralischer Leib untertauchen in physischen Leib und Ätherleib, werden sie dazu veranlaßt, aus dem Vorrat der Bilder, die da sind, dasjenige zu entnehmen, was sich gerade bietet. Und so wird die eigentümliche Traumdramatik in Bilder gekleidet. Nun fängt der Inhalt dieser Bilder an, uns zu interessieren. Der Zusammenhang ist ein ganz anderer als der der äußeren Erlebnisse. Woher kommt das? Lauter äußere oder innere Erlebnisse nimmt der Traum, aber er bringt sie in einen andern Zusammenhang. Warum ist das? Das ist, weil der Traum ein Protest ist gegen die Art, wie wir in der physisch-sinnlichen Welt zwischen Aufwachen und Einschlafen leben. Wir leben in dieser physisch-sinnlichen Welt zwischen Aufwachen und Einschlafen eingewoben mit unserem ganzen Leben in Naturgesetzmäßigkeit. Diese Naturgesetzmäßigkeit durchbricht der Traum. Er läßt sich diese Naturgesetzmäßigkeit nicht gefallen, er reißt die Ereignisse heraus, bringt sie in eine andere Folge. Er protestiert gegen die Naturgesetzmäßigkeit.

Der Mensch sollte lernen, daß in dem Augenblick gegen die Naturgesetzmäßigkeit protestiert wird, in welchem man überhaupt in das Geistige eintaucht. In dieser Beziehung sind sogar in einer gewissen Weise, ich möchte sagen, drollig diejenigen Leute, die mit der gewöhnlichen naturwissenschaftlichen Methode in die Geisteswelt eindringen wollen. Außerordentlich charakteristisch ist in dieser Beziehung das Buch von Dr. *Ludwig Staudenmaier* über «Die Magie als experimentelle Naturwissenschaft». Ein solcher Mensch geht von der Ansicht aus: Alles was begriffen werden soll, soll nach naturwissenschaftlicher Denkweise begriffen werden. – Nun geht Staudenmaier nicht gerade auf den Traum aus, aber er geht aus auf die sogenannten medialen Erscheinungen, die im Grunde genommen eine Fortbildung der Traumwelt sind. Beim gesunden Menschen bleibt der Traum ein Erlebnis, das nicht in die äußere Organisation übergeht. Beim medialen Wesen ist es so, daß das, was sonst vom Ich und astralischen Leib erlebt wird und sich formt in die Bilder des physischen Leibes und des Ätherleibes, dann auch übergeht in die Erlebnisse des physischen Leibes und des Ätherleibes, und dadurch entstehen alle diejenigen Erscheinungen, die beim Mediumwesen zutage treten. Staudenmaier wollte sich – darin hat er durchaus recht – nicht nach dem richten, was andere Medien ihm geben, und so machte er sich denn selbst in einer gewissen Weise zum Medium. Er träumte sozusagen schreibend. Er fing an, die Feder und den Bleistift anzusetzen, so wie er immer bei Medien gesehen hatte, und richtig – es ging! Nur war er höchst erstaunt über das, was da zutage trat, er war erstaunt über den Zusammenhang, den er früher niemals irgendwie sich gedacht hätte. Alles mögliche schrieb er da auf, was ganz außerhalb des Bereiches seines bewußten Lebens war. Und so stark war das zuweilen außerhalb seines bewußten Lebens, daß er fragte: Ja, wer seid ihr, die da schreiben? – Geister –, antworteten sie. Er mußte aufschreiben: Geister! – Denken Sie sich, der Materialist, der doch keine Geister anerkennt, mußte aufschreiben: Geister! – Nun war er doch überzeugt davon, daß das, was da schreibt, lügt. Er fragte also weiter, warum ihn die Geister so anlügen. Da sagten sie: Ja, wir müssen dich so anlügen, das ist so unsere Art. – Dann fragte er sie über allerlei, was auf ihn selber Bezug hatte. Da kam sogar einmal heraus, daß sie sagten: Kohlkopf. – Es ist nun nicht anzunehmen, daß es in seiner eigenen Seelenverfassung lag, sich selber als Kohlkopf zu bezeichnen. Also es kam da allerlei heraus, was sich so charakterisierte, daß es sagte: Wir müssen dich anlügen. – Daß er aber dann sich sagte: Geister gibt es natürlich nicht, da spricht eben mein Unterbewußtes. – Aber nun wird die Sache immer beunruhigender, denn nun ist das Unterbewußte etwas, was zum Oberbewußten Kohlkopf sagt und was lügt, und ein solcher Vorgang müßte dazu führen, daß die betreffende Persönlichkeit sich sagen muß: In meinem Unterbewußtsein bin ich ein kompletter Lügner.

Aber das alles weist auch schließlich auf nichts anderes hin als auf dies, daß so wie die Traumwelt auch jene Welt, in die man da hinuntertaucht, Protest einlegt gegen den naturgesetzlichen Zusammenhang. Alles was wir denken, wollen und empfinden können in der physisch-sinnlichen Welt, wird entstellt, sobald wir in diese mehr oder weniger unterbewußte Welt eindringen. Warum? Nun, es ist eben der Traum die Brücke hinüber in die geistige Welt, und die geistige Welt ist durchaus durchwoben von einer Gesetzmäßigkeit, die nicht die naturgesetzliche ist, die einen ganz andern inneren Charakter hat. Der Traum ist der Übergang dazu. Wer da glaubt, die geistige Welt mit Naturgesetzen begreifen zu können, der irrt sich gar sehr. Und so ist der Traum gewissermaßen der Vorherverkünder für die Notwendigkeit, daß, wenn wir eindringen in die geistige Welt, wir nicht einfach die Naturgesetze fortsetzen können. Wir können die Methoden fortsetzen, indem wir uns dazu vorbereiten, aber wir kommen in eine ganz andere Gesetzmäßigkeit hinein, wenn wir in die geistige Welt eindringen.

Das ist dasjenige, was oftmals so wenig bedacht wird. Es ist wirklich so, daß es heute als Grundsatz gilt, daß man die Welt nur nach der Verstandesfähigkeit, die sich im Laufe der letzten drei bis vier Jahrhunderte erst herausgebildet hat, erfassen kann und erfassen soll. Das hat sich langsam gebildet. Heute gibt es jene Menschen gar nicht mehr – in der ersten Hälfte des 19. Jahrhunderts hat es diese Menschen noch gegeben – von der Art zum Beispiel eines *Johannes Müller,* dem Lehrer Haeckels, der selbst zugestanden hat, daß ihm manches Problem, das er rein als Physiologe zu erforschen suchte, nicht aufging, wenn er darüber nachdachte im gewöhnlichen vollwachen Zustande; daß aber dann der Traum über ihn gekommen ist, der ihm wieder das Gewebe vorgeführt hat, das er im Wachzustande präpariert hatte, der ihm alle die Hantierungen wieder vorgeführt hat. Da ging ihm dann im Traume manches von der Lösung solcher Rätsel auf. Johannes Müller war noch davon durchdrungen, daß man im Schlafe in diesem eigentümlichen Weben des Geistigen ist, wo man nicht berührt wird von der harten Notwendigkeit der physischen Naturgesetzlichkeit, wo man sogar in die physische Naturgesetzlichkeit eindringen kann, weil auch dieser physischen Naturgesetzlichkeit etwas von demjenigen zugrunde liegt, was geistig ist, und weil das Geistige in seinen Grundlagen nicht von physischer Naturgesetzlichkeit ist, sondern diese nur an seiner Oberfläche uns darbietet.

Da muß man wirklich paradox werden, wenn man solche Gedanken so zu Ende führt, wie sie sich auf ganz selbstverständliche Weise aus der Geistesforschung heraus ergeben. Kein Mensch, der im Sinne der heutigen Naturwissenschaft denkt, wird glauben, daß ein Licht, wenn es hier an einem bestimmten Orte leuchtet, im Umkreise in einiger Entfernung noch ebenso stark leuchtet. Der Physiker berechnet die Abnahme der Lichtstärke mit dem Quadrat der Entfernung, und ebenso berechnet er auch die Abnahme der Schwerkraft. Er sagt sich mit Bezug auf diese physischen Entitäten: Was hier auf der Oberfläche der Erde gilt, das nimmt in seiner Gültigkeit ab, indem wir in den Umkreis des Kosmos kommen. – Nur für den Inhalt seines Denkens läßt er das nicht gelten. Und doch ist es mit diesem Denken nicht anders als mit dem, was man hier in den Erdenlaboratorien, in den Kliniken, überhaupt auf der Erde – bis auf das Zwei-mal-zwei-ist-Vier – von den Erdendingen erfährt. Wenn die Schwerkraft abnimmt im Quadrat der Entfernung, warum sollte denn das, was Naturgesetzmäßigkeit ist, nicht auch abnehmen mit dem Quadrat der Entfernung in seiner Gültigkeit und von einer gewissen Entfernung an nicht mehr gelten? Das ist aber das, worin die Geisteswissenschaft eindringt. Und sie muß sagen: Wollt Ihr den Orionnebel oder den Nebel in den Jagdhunden erforschen, so macht Ihr dasselbe, wie wenn Ihr Erdenbegriffe anwendet und irgendwie die Venus zum Beispiel beleuchten wolltet mit einer Erdenkerze. – Wenn man aus der Geistesforschung heraus die Wahrheit durch solche Analogien hinstellt, so kommt sie den Menschen paradox vor. Und doch, in jenem Zustande, in dem wir im Schlafe eindringen in die geistige Welt, haben wir mehr Möglichkeiten, zum Beispiel den Orionnebel oder den Nebel in den Jagdhunden zu erforschen, als mit den Möglichkeiten, die durch das Arbeiten in den Laboratorien und auf den Sternwarten zustande kommen. Man würde viel mehr darüber erforschen, wenn man über diese Dinge träumen würde, als über sie verstandesmäßig nachzudenken. Kommt man in den Kosmos hinein, dann nützt es nichts, diejenigen Dinge, die man auf der Erde erforscht hat, auf diesen Kosmos anzuwenden. So stehen wir heute mit unserer Bildung darinnen, daß wir eigentlich das, was wir in unserer kleinen Erdenzelle als richtig befinden, auf den ganzen Kosmos anwenden möchten, und leicht ersichtlich ist es, daß dabei in Wirklichkeit nicht die Wahrheit zutage treten kann.

Wenn man von solchen Erwägungen ausgeht, dann wird einem manches, was in älteren Zeiten bei einer primitiven, aber eindringlichen hellsichtigen Anschauungsart vor der Menschheit stand, doch wertvoller, als es der heutigen Menschheit ist. Und man wird nicht einmal an denjenigen Menschenerkenntnissen, die einst im Hirtenstande der Urzeit entstanden sind, so oberflächlich vorbeigehen, als man es heute gewöhnlich tut. Denn diese Leute haben manches besser geträumt von den Geheimnissen der Sterne bei ihrem Hirtenleben, als heute die Leute bei ihrem gescheiten Leben auf den Sternwarten erforschen, errechnen und mit dem Spektroskop feststellen können. So sonderbar es klingt, es ist so. Aber in diesen geheimnisvollen Zusammenhang des Menschen mit dem Weltenall kommt man hinein, wenn man manche Überreste, die aus alten Zeiten erhalten sind, in geisteswissenschaftlicher Art betrachtet. Und da gestatten Sie, daß ich heute von dem spreche, was sich ergeben kann, wenn man auf der einen Seite geisteswissenschaftlich die tiefe religiös-ethische, aber auch soziale Bedeutung der alten druidischen Einrichtungen prüft, und andrerseits der alten Einrichtungen der Mithrasmysterien, denn wir werden, indem wir das noch vor unserer Seele vorüberziehen lassen, Anhaltspunkte dafür gewinnen, wie die Gestaltung eines Michael-Festes eigentlich zu denken ist.

In bezug auf die Druidenmysterien war ja der Vortragszyklus, den ich vor wenigen Wochen in Penmaenmawr in Wales zu halten hatte, unmittelbar an derjenigen Stätte Englands, wo die Insel Anglesey vorgelagert ist, wirklich von ganz besonderer Bedeutung, weil dort eine Stelle ist, wo in Trümmern herumliegend viele Erinnerungen an die alten Opferstätten, an die Mysterienstätten der Druiden sich finden. Heute sind die Überreste, diese alten Kromlechs, Dolmen, eigentlich ziemlich unansehnlich. Man steigt auf diese Bergeshöhen hinauf, findet dort Steine so zusammengestellt, daß sie eine Art Kammer abschließen, ein größerer Stein liegt darüber, oder man findet auch im Kreise – es sind ursprünglich immer zwölf gewesen – solche Kromlechs angeordnet. Gerade in der unmittelbaren Nähe von Penmaenmawr konnte man hinaufsteigen und fand zwei solcher unmittelbar aneinandergrenzender Sonnenzirkel. Und gerade in dieser besonderen Gegend, wo auch noch im geistigen Leben der Natur so vieles vorhanden ist, was anders wirkt, als sonst die Natur heute in andern Gegenden wirkt, konnte man mit höchster Deutlichkeit dasjenige wieder prüfen, was ich in verschiedenen anthroposophischen Vorträgen gerade mit Bezug auf die Druidenmysterien auseinandergelegt habe. Es ist dort, wo auch auf der Insel Anglesey eine Niederlassung der Gesellschaft des Königs Artus war, es ist in dieser Gegend tatsächlich eine besondere geistige Atmosphäre vorhanden. Ich muß sie folgendermaßen charakterisieren.

Wenn man von übersinnlichen Dingen spricht, so kann man nicht in derselben Art seine Gedanken bilden, wie man sie sonst im Leben oder in der Wissenschaft bildet. Da bildet man abstrakte Gedanken, da zieht man Schlüsse und so weiter. Wenn man nun auch darauf angewiesen ist, mehr oder weniger sogar abstrakt zu reden – denn das verursacht unsere Sprache, die abstrakt geworden ist –, in seinem inneren Seelenwesen kann man nicht, wenn man geisteswissenschaftlich darstellen will, so abstrakt sein. Da muß alles in Bildern verlaufen. Bilder, Imaginationen muß man vor der Seele haben. Bilder, Imaginationen vor der Seele haben, bedeutet aber doch etwas anderes noch, als Gedanken in der Seele haben. Gedanken in der Seele sind, je nachdem man innerlich mehr oder weniger träge ist, außerordentlich geduldig, man kann sie halten. Die Imaginationen haben immer ein

Eigenleben. Man fühlt ganz genau: eine Imagination stellt sich vor einen hin. Es ist anders und doch wieder ähnlich, wie wenn man schreibt oder zeichnet. Man schreibt oder zeichnet mit der Seele. Aber Imaginationen sind nicht etwas so abstrakt Festgehaltenes wie die bloßen Gedanken. Man schreibt sie. Nun, in den meisten Gegenden Europas, wo die Zivilisation schon einen so abstrakten Charakter angenommen hat, da huschen diese Imaginationen verhältnismäßig sehr schnell vorüber, man hat immer einen inneren Kampf zu bestehen, wenn man Übersinnliches darstellen will. Es ist schon so, wie wenn man schreiben würde, und durch irgendeine dämonische Kraft das Geschriebene sogleich wiederum verlöschte. Es ist gleich wieder nicht mehr da. So ist es bei den Imaginationen, durch die man das Übersinnliche vorstellungsgemäß macht, als Seelenerlebnis bekommt.

Die geistige Atmosphäre nun in jenen Orten in Wales, die ich nannte, hat die Eigentümlichkeit, daß sich dort Imaginationen zwar schwieriger einschreiben in das Astralische, aber sie bleiben dafür länger vorhanden, sie sind tiefer eingeprägt. Das ist das, was man gerade in jener Gegend als etwas so Auffälliges wahrnehmen konnte. Und es war schon wirklich so, daß alles darauf hindeutete, dort auch auf eine mehr geistige Art den Weg zurück machen zu können zu dem, was jene Druidenpriester – nicht in den Verfallszeiten dieser Druidenkulte, wo diese etwas ziemlich Unsympathisches, ja sogar sehr Schlimmes hatten, sondern in den Blütezeiten – damals eigentlich wollten.

Man muß sich nur einen solchen Kromlech anschauen: er schließt auf eine primitive Weise einen gewissen Raum ab, der zugedeckt war. Wenn Sie nun das Sonnenlicht betrachten, so haben Sie zunächst das physische Sonnenlicht. Dieses physische Sonnenlicht ist aber durchaus überall durchdrungen von den geistigen Wirkungen der Sonne. Und bloß von dem physischen Sonnenlicht so zu sprechen, wie das der Physiker heute macht, wäre genau so, wie wenn man mit Bezug auf einen Menschen bloß sprechen wollte von seinen Muskeln, seinen Knochen, seinem Blut und so weiter, und keine Rücksicht nehmen würde auf das in ihm waltende Seelisch-Geistige. Das Licht ist durchaus nicht bloß «phos». Das Licht ist Phosphor, Lichtträger, hat ein Aktives, hat Seelisches. Dieses Seelische des Lichtes geht dem Menschen in der bloßen Sinneswelt verloren. Wenn nun der Druidenpriester sich in diese Grabstätte stellte – die Kromlechs waren zumeist, wie andere alte Kultstätten auch, über Gräbern errichtet –, dann stellte er diese Vorrichtung hin, die in einer gewissen Weise undurchlässig war für die physischen Sonnenstrahlen. Aber die geistigen Sonnenwirkungen gingen durch sie durch, und der Druidenpriester war dafür besonders geschult, die geistigen Sonnenwirkungen wahrzunehmen. Und so sah er durch die besonders ausgewählten Steine – sie waren immer besonders ausgewählt – in jenen Raum hinein, wohin die geistigen Sonnenwirkungen kamen, die physische Sonnenwirkung aber ausgeschlossen war. Und nun hatte er seine Anschauung intim geschult. Denn das, was man da sieht in einer solchen primitiv hergestellten Dunkelkammer, das ist anders im Februar, anders im Juli oder August, anders im Dezember. Im Juli ist es so, daß es einen leicht gelblichen Anflug hat, im Dezember dagegen ist es so, daß es eine leicht bläuliche Innerlichkeit hat. Wer das beobachten kann, schaut in den qualitativen Veränderungen, die in einer solchen Dunkelkammer dieses abgeschlossene Schattengebilde im Laufe des Jahres annimmt, den ganzen Lauf des Jahres in den Wirkungen des Geistig-Seelischen der Sonnenstrahlung. Und wiederum in diesen Sonnenzirkeln stehen die Vorrichtungen so, daß sie wie die Zeichen des Tierkreises in der Zwölfzahl angeordnet sind. Gerade an dem Berge, den wir bestiegen hatten, gab es einen größeren solcher Sonnenzirkel, und in einer geringen Entfernung davon war ein kleinerer. Wenn man sich etwa in einem Luftballon in die Höhe erhoben und auf diese beiden Druidenkreise heruntergeschaut hätte und die kleine Entfernung zwischen ihnen dabei nicht beachtet hätte, so würde man – das hatte etwas Ergreifendes – denselben Grundriß gesehen haben, wie ihn das heruntergebrannte Goetheanum in Dornach hatte.

Der alte Druidenpriester hatte sich dafür geschult, daß er dem, was er da vor seiner Seele hatte, es ansah, wie zu jeder Tageszeit, aber auch zu jeder Jahreszeit, der Schatten der Sonne anders fiel. Er konnte diese Schattengestaltungen verfolgen und aus ihnen heraus genau angeben: jetzt ist diese Märzzeit, jetzt ist diese Oktoberzeit. Er stand in der Wahrnehmung, die ihm dadurch vermittelt wurde, drinnen in dem, was im Kosmos vorging, aber auch in dem, was vom Kosmos aus Bedeutung für das Erdenleben hatte. Nun denken Sie sich nur, was man heute macht, wenn man den Einfluß des kosmischen Lebens für das irdische Leben bestimmen will. Was machen selbst die Bauern? Sie haben ihren Kalender, in dem steht, was man an dem oder jenem Tage machen soll. Es wird auch das nur annähernd gemacht, denn die gründlichen Erkenntnisse, die einmal von diesen Dingen da waren, sind heute verglommen, aber Kalender gab es zur alten Druidenzeit nicht, es gab nicht einmal eine Schrift. Was der Druidenpriester aus seiner Sonnenbeobachtung heraus sagen konnte, war, was man über den Zusammenhang des Himmels mit der Erde wußte. Und wie der Druidenpriester sagte: Jetzt steht die Sonne so, daß der Weizen gesät werden sollte – oder: Jetzt steht die Sonne so, daß der Zuchtstier durch die Herde geführt werden muß –, so geschah es. Diese Zeiten hatten einen Kult, der wahrhaftig nicht ein abstraktes Gebet war, sondern sie hatten einen Kult, der das unmittelbar praktische Leben einrichtete nach dem, wie man sich mit dem Geistigen des Weltenalls in Verbindung setzte. Die große Sprache des Himmels wurde abgelesen, und sie wurde in den irdischen Dingen angewendet.

Das aber ging bis in die Intimitäten des sozialen Lebens hinein. Der Druidenpriester gab aus dem, was er aus dem Weltenall ablas, an, was man an diesem oder jenem Tage des Jahres so zu machen habe, daß es in einem günstigen Zusammenhange im ganzen Weltenall drinnensteht. Das war ein Kultus, durch den tatsächlich das ganze Leben eine Art Gottesdienst war. Dagegen ist selbst die mystischste Mystik von heute eine Art Abstraktion, denn sie läßt sozusagen die äußere Natur walten, kümmert sich nicht weiter um sie, sondern schaltet und waltet da nach Traditionen, während sie sich innerlich erhebt, sich möglichst in sich abschließt und in sich konzentriert, um eine abstrakte Beziehung zu einem wolkenkuckucksheimmäßigen Göttlich-Geistigen zu bekommen. Das war allerdings anders in jenen alten Zeiten. Da verband man sich im Kultus, der aber eine reale Beziehung zum Weltenall hatte, mit dem, was die Götter in der Welt schufen und immerfort wirkten. Und als Mensch auf der Erde führte man das aus, was man aus solchen Einrichtungen, wie sie die Druiden hatten, als den Willen der Götter in der Sternenschrift ablas. Aber diese Sternenschrift mußte man erst lesen. Es ist etwas ungeheuer Ergreifendes, gerade dort an Ort und Stelle sich so ganz zurückversetzen zu können in das, was einmal in der Blütezeit der Druidenkultur so gewirkt hat, wie ich es jetzt geschildert habe. Und man findet in jenen Gegenden – auch noch in andern Gegenden bis nach Norwegen hinüber – überall solche Überreste der alten druidischen Kultur.

So findet man auch wieder in Mitteleuropa, in den Gegenden Deutschlands bis in die Rheingegend, auch bis nach Westfrankreich hinein überall Überreste, Erinnerungen an den alten Mithraskultus. Auch von ihnen will ich nur das Wesentlichste angeben. Sie finden überall als das äußere Symbolum des Mithraskultus den Stier, auf dem der Mensch reitet, der ein Schwert stößt in den Hals des Stieres. Sie finden einen Skorpion, der den Stier beißt, oder die Schlange unten. Sie finden aber überall, wenn die Bilder vollständig sind, dieses Stierbild mit dem Menschen umgeben von dem Sternenhimmel, namentlich mit den Tierkreiszeichen. Wiederum können wir uns fragen: Was drückt eigentlich dieses Bild aus? – Was dieses Bild ausdrückt, wird eine äußere, antiquierte Geschichte niemals erforschen, weil sie nicht die Beziehungen herstellen kann, durch die man darauf kommen kann, was eigentlich dieser Mensch auf dem Stiere bedeutet. Um darauf zu kommen, muß man erst wissen, was diejenigen, die bei diesem Mithraskult dienten, für eine Schulung durchgemacht haben. Die ganze Zeremonie läßt sich natürlich so abwickeln, daß sie eine schöne oder auch meinetwillen eine häßliche Zeremonie ist, und daß man dabei gar nichts irgendwie Vernünftiges herausbekommt. Es konnte auch nur derjenige etwas Vernünftiges herausbekommen, der eine gewisse Schulung durchgemacht hatte, daher sind auch alle die Beschreibungen der Mithrasmysterien trotz des Vielversprechenden, was die Bilder hatten, eigentlich Wischiwaschi. Denn derjenige, der dem Mithraskult dienen wollte, mußte besonders sein Empfindungsvermögen in einer feinen, intimen Weise ausbilden. Darauf kam alles beim Mithrasschüler an, daß er so sein Empfindungsvermögen ausbildete.

Nun habe ich gestern im öffentlichen Vortrage gesagt, daß das Herz des Menschen eigentlich ein unterbewußtes Sinnesorgan ist. Der Kopf nimmt unterbewußt durch das Herz wahr, was in den physischen Funktionen des Unterleibes und der Brust vorgeht. So wie wir durch das Auge die äußeren Vorgänge in der Sinneswelt wahrnehmen, so ist das Herz des Menschen in Wirklichkeit ein Sinnesorgan mit Bezug auf die angegebenen Funktionen. Der Kopf – namentlich macht es das Kleinhirn – nimmt unterbewußt durch das Herz wahr, wie das Blut sich mit den verarbeiteten Nahrungsmitteln speist, wie die Nieren, die Leber und so weiter funktionieren, was da alles im Organismus vorgeht. Dafür ist für das Obere des Menschen das Herz das Sinnesorgan. Dieses Herz nun als Sinnesorgan zu einer gewissen Bewußtheit heraufzuheben, bildete die Schulung desjenigen, der beim Mithraskult beschäftigt werden sollte. Er mußte eine feine, bewußte Empfindung dafür bekommen, was im menschlichen Organismus in Leber, Nieren, Milz und so weiter vorgeht. Der obere Mensch, der Kopfmensch mußte fein empfinden, was im Brust- und Gliedmaßenmenschen vorgeht. Eine solche Schulung in den älteren Zeiten war nicht eine Verstandesschulung, wie wir sie heute gewohnt sind, sondern eine Schulung des ganzen Menschen, die vorzugsweise auf das Gefühlsvermögen ging. Und wenn dann der Schüler die nötige Reife erlangt hatte, konnte er sagen, so wie wir auf Grund der Wahrnehmung durch äußere Augen sagen, da sind Regenwolken, oder da ist blauer Himmel: Jetzt ist diese Verarbeitungsart in meinem Organismus, jetzt jene Verarbeitungsart.

Es ist tatsächlich das, was im menschlichen Organismus vorgeht, nur für den Abstraktling für das ganze Jahr gleich. Wenn einmal die Wissenschaft wieder zu wirklichen Wahrheiten über diese Dinge vorgedrungen sein wird, dann werden die Menschen erstaunen darüber, wie – wenn auch nicht in jener grobklotzigen Art, wie es durch die heutigen Feininstrumente schon erforscht werden kann – in ganz anderer Art für den Menschen festgestellt werden kann, wie sein Blut anders wird, wie er anders verdaut im Januar als im September, so daß das Herz als Sinnesorgan ein wunderbares Barometer ist für den Jahreslauf im menschlichen Gliedmaßen-Stoffwechselorganismus.

Dafür wurde der Mithrasschüler erzogen, in sich selbst den Jahreslauf durch die Herzorganisation wahrzunehmen, durch die Herzwissenschaft, die ihm den Gang der durch die Verdauung metamorphosierten Speise im Organismus überlieferte und der Aufnahme des Verdauten in das Blut. Und in dem, was da wahrgenommen wurde, zeigte sich eigentlich am Menschen, in der Bewegung des inneren Menschen, der ganze Lauf der äußeren Natur.

Ach, was ist denn unsere abstrakte Wissenschaft, wenn wir noch so genau die Pflanzen und die Pflanzenzellen, die Tiere und die tierischen Gewebe beschreiben, was ist denn diese abstrakte Wissenschaft gegenüber dem, was einmal in einer mehr instinktiven Weise dadurch vorhanden war, daß sich der ganze Mensch zum Erkenntnisorgan machen konnte, daß er wie der Mithrasschüler sein Gefühlsvermögen als Erkenntnisorgan ausbilden konnte. Der Mensch trägt die tierische Natur in sich, und er trägt sie wahrhaftig in einer intensiveren Weise in sich, als man gewöhnlich meint. Und das, was durch ihre Herzwissenschaft die einstigen Mithrasschüler wahrgenommen haben, ließ sich nicht anders darstellen als durch den Stier. Und die Gewalten, die durch den Stoffwechsel-Gliedmaßenmenschen wirken und nur gezähmt werden durch den oberen Menschen, diese Gewalten werden durch alles dasjenige angegeben, was da als Skorpion, als die Schlange figuriert um den Stier herum. Und der eigentliche Mensch in seiner Krüppelhaftigkeit sitzt oben mit der primitiven Macht, indem er mit dem Michael-Schwerte in den Hals des Stieres hineinstößt. Aber was da zu besiegen ist, wie es sich darstellt im Jahreslaufe, das wußte eben nur der, der in dieser Beziehung geschult war.

Und jetzt gewinnt dieses Symbolum erst an Bedeutung. Man kann es mit dem, was der Mensch heute gewöhnlich weiß, noch so viel anschauen oder malerisch darstellen wollen, es kommt nichts dabei heraus. Es kommt erst etwas dabei heraus, wenn man etwas von der Herzwissenschaft der alten Mithrasschüler weiß. Und dann studierte der Mensch aber wirklich, wenn er durch sein Herz sich selber ansah, den Geist des Jahresganges der Sonne durch den Tierkreis. Daher war ganz richtig – und die Erfahrungen macht man auf diese Weise, daß der Mensch als ein höheres Wesen auf seiner niederen Natur reitet –

um den Menschen herum im Kreise angeordnet der Kosmos, denn das Geistige des Kosmos erfuhr man auf diese Weise. Es ist wirklich so, daß man, je mehr man durch die wieder heraufkommende Geistwissenschaft hineinschaut in das, was ein altes halbbewußtes, traumhaftes, aber doch Hellsehen zutage gefördert hat, vor diesem einen immer größeren Respekt bekommt. Man wird wirklich andächtig gegenüber den alten Kulten, wenn man in sie eindringt und wiederfinden kann, wenn man tiefer in sie hineindringt, wie der Mithraskult zum Beispiel dazu da war, daß der alte Mithraspriester, indem er in den Jahreslauf eindringen konnte, seiner Gemeinde angeben konnte, was an jedem einzelnen Tage des Jahres zu tun war. So war der Mithraskult dazu da, vom Himmel zu erforschen, was auf der Erde zu geschehen hat. Denken Sie sich nur, was für ein anderer Enthusiasmus, was für eine andere Impulsivität sich ergibt für das, was auf der Erde zu tun ist, wenn man sich auf der Erde fühlt als Tätiger, so daß in diese Tätigkeit die Impulse einströmen, die man durch die große kosmische Schrift erst erforscht hat, die man abgelesen hat aus dem Weltenall, indem man von einem solchen Wissen ausging und mit dem, was sich als Impulse ergab, auf die einzelnen Verrichtungen des Lebens einging. So unsympathisch das uns auch nach heutigen Begriffen sein mag und mit Recht ist, für die alten Begriffe war es gut und das Richtige. Aber man muß, indem man diese Reserve macht, sich klarmachen, was es heißt, vom Himmel abzulesen, was auf der Erde im Menschenleben zu geschehen hat, und sich so mit seinem Göttlichen eins zu wissen, statt im Sinne von *Adam Smith* oder *Karl Marx* darüber zu diskutieren, was in bezug auf das soziale Leben zu tun sei. Erst wer sich diese Gegensätze vor die Seele stellen kann, weiß hineinzuschauen in das, was heute notwendig ist an neuen Impulsen für das soziale Leben.

Erst wenn man sich diese Grundlagen schafft, bekommt man die richtige Seelenverfassung für das Hinausgehen der Erkenntnis von der Erde in den Weltenraum; nicht mehr hinaufzuschauen in der Art, wie man es gewöhnlich macht, zu Merkur, Venus, Saturn und so weiter, indem man bloß die abstrakte Rechnerei oder das Spektroskop gebraucht, sondern diejenigen Mittel dann anzuwenden, die in Imagination, Inspiration und Intuition liegen. Da kommt man dann allerdings dazu, schon von der Imagination an, daß die Himmelskörper etwas ganz anderes werden, als wie sie teilweise durch sinnliche Anschauung, teilweise aber auch nur durch Schlüsse sich der heutigen Astronomie darstellen. Dem heutigen Astronomen stellt sich der Mond zum Beispiel als irgendein schon alt gewordener mineralischer Himmelskörper dar, der wie eine Art Spiegel das Sonnenlicht zurückwirft, das dann unter gewissen Verhältnissen auf die Erde fällt. Um die Wirkungen dieses Sonnenlichtes überhaupt kümmert man sich dann nicht gerade sehr viel. Eine Zeitlang hat man die Dinge auf das Wetter angewendet. Allein an die Beziehungen der Mondphasen zum Wetter haben die ganz Gescheiten des 19. Jahrhunderts selbstverständlich nicht geglaubt; die einen kleinen mystischen Anflug in ihrer Seele hatten, wie zum Beispiel *Gustav Theodor Fechner,* hatten es aber geglaubt. Ich habe schon öfter in unseren Kreisen die Geschichte erzählt, wie an einer Universität zusammen gewirkt haben *Schleiden,* der große Botaniker des 19. Jahrhunderts, und Gustav Theodor Fechner, und wie Schleiden es selbstverständlich als einen Aberglauben hingestellt hat, daß Fechner sorgfältig statistisch nebeneinandergestellt hat, wieviel Regenwasser die Vollmondtage und wieviel die Neumondtage ergeben. Für den Professor Schleiden war das, was in bezug auf die Mondwirkungen für das Wetter Gustav Theodor Fechner sagte, ein purer Aberglaube. Aber nun trug sich einmal folgendes zu. Die beiden Professoren hatten auch Frauen, und damals war es in Leipzig noch so, daß man für die Wäsche das Regenwasser sammelte; man stellte dazu Fässer auf, in denen man es sammelte. So sammelten natürlich auch die Frau Professor Fechner und ebenso die Frau Professor Schleiden ihr Regenwasser in solchen Fässern. Wenn es mit natürlichen Dingen zugegangen wäre, dann hätte eigentlich die Frau Professor Schleiden sagen müssen: Es ist eine Dummheit, sich darum zu bekümmern, was für einen Einfluß die Mondphasen auf die Menge des Regenwassers haben. – Aber trotzdem es der Herr Professor Schleiden als eine Dummheit bezeichnete, darüber ernste Erwägungen anzustellen, kam die Frau Professor Schleiden in einen furchtbaren Streit mit der Frau Professor Fechner darüber, daß beide Frauen gleichzeitig an der gleichen Stelle ihre Fässer für das Regenwasser aufstellen wollten. Die Frauen wußten aus ihrer Lebenspraxis heraus, was es mit dem Regenwasser auf sich hat, während die Männer auf ihren Kathedern sich ganz anders gebärdeten.

Mit dem Äußeren des Mondes ist es also so, wie ich es geschildert habe. Aber besonders wenn man von der Imagination zur Inspiration kommt, stellt sich einem gleich der Mond mit seinem geistigen Inhalte dar. Dieser geistige Inhalt des Mondes ist nun nicht bloß etwas, was man im abstrakten Sinne meint, sondern es ist eine wirkliche Mondenbevölkerung, und der Mond stellt sich in der geisteswissenschaftlichen Anschauung einem dar als eine Art Festung im Kosmos. Nach außen werden vom Monde nicht nur die Lichtstrahlen der Sonne, sondern die äußeren Wirkungen des Universums überhaupt auf die Erde zurückgestrahlt. Aber im Inneren des Mondes ist eine abgeschlossene Welt, eine Welt, die man heute nur erreicht, wenn man in einem gewissen Sinne zum Geistigen aufsteigt. Manches an Andeutungen, die sich in älteren Literaturen über die Beziehungen des Mondes zu anderem Wesenhaften im Kosmos finden, können Sie nachlesen und vergleichen mit dem, was jetzt aus der Anthroposophie heraus über das Wesen des Mondes gesagt werden kann.

Wir haben öfter gehört, wie man, wenn man in der Erdenentwickelung zurückgeht, zu alten Zeiten kommt, wo die Menschen nicht nur jene instinktive Weisheit gehabt haben, von der ich auch heute schon gesprochen habe, sondern wo sie als Lehrer Wesenheiten hatten, die niemals einen physischen Leib annahmen, höhere geistige Wesenheiten und solche Wesenheiten, die nur einen ätherischen Leib annahmen, deren Unterricht in bezug auf die Menschen darin bestand, daß diese Wesen zu den Menschen nicht sprachen, wie wir heute sprechen, sondern daß sie innerlich den Menschen die Weisheit eingaben, gewissermaßen dem ätherischen Leibe einimpften. Die Menschen wußten, daß diese höheren Wesenheiten da sind, geradeso wie wir wissen, daß irgendein physischer Lehrer oder dergleichen da ist, aber sie wußten auch, daß diese Wesen durchaus in einem Geistdasein um die Menschen herum sind. Auf diesen Unterricht höherer geistiger

Wesenheiten führt alles das zurück, was selbst bis in die katholische Kirche hinein anerkannt wird als die Urweisheit der Menschen, jene Urweisheit, die einmal da war, von der selbst die Veden und die hehre Vedantaphilosophie nur schattenhafter Abglanz sind. Jene Urweisheit, die niemals aufgeschrieben ist, war so da, daß sie der Mensch nicht erdachte, sondern daß sie im Menschen erwuchs, denn die Einflüsse der Urlehrer müssen wir uns nicht so vorstellen, daß es ein demonstrierender Unterricht gewesen wäre. Wie wir heute als Kinder die Sprache lernen, nachahmend die älteren Menschen, ohne daß da ein besonderer Unterricht stattfindet, wie wir überhaupt vieles so entwickeln, als wenn es aus unserem Inneren herauswächst, so war in jenen Zeiten ein geheimnisvoller Einfluß der Urlehrer auf diese älteren Menschen vorhanden, nicht ein abstrakter Unterricht, so daß der Mensch sich einfach in einem bestimmten Lebensalter wissend wußte. So wie der Mensch heute in einem bestimmten Lebensalter Zähne bekommt oder geschlechtsreif wird, so ging damals auch das Wissen den Menschen in dieser Weise auf. Mancher Student würde, glaube ich, froh sein, wenn es heute auch noch etwas Derartiges gäbe, daß ihm das Wissen einfach aufginge, ohne daß er sich besonders anzustrengen hätte.

Aber es war ein ganz anderes Wissen als das heutige. Es war ein Wissen, das organische Kraft im Menschen war, das mit der Wachstumskraft und so weiter zusammenhing. Es war also diese Urweisheit von einem ganz andern Charakter, und das, was da geschah mit Bezug auf diese Urweisheit, kann ich nur durch einen Vergleich darstellen. Denken Sie sich, ich gieße in ein Glas erst irgendeine Flüssigkeit, gebe dann ein Salz hinein. Ich löse das Salz auf, so daß ich eine trübliche Flüssigkeit habe, dann mache ich irgend etwas, daß sich das Salz unten als Bodensatz niederschlägt und oben die Lösungsflüssigkeit übrigbleibt, dann ist die Lösungsflüssigkeit oben reinlicher, heller, und unten ist der Bodensatz dichter. Wenn ich nun das, was die Menschen durchwoben hat während der Zeit der alten Urweisheit, schildern will, so ist es so gemischt aus dem geistig ganz Reinen und dem physisch Animalischen. Wenn wir heute denken, so glauben wir, daß diese abstrakten Gedanken so, ohne irgend etwas zu sein in uns, walten und weben, und daß wiederum etwas für sich zum Beispiel das Atmen und die Blutzirkulation ist. Aber das war für den Urmenschen in den früheren Erdenzeiten alles eines: er mußte atmen, und sein Blut zirkulierte in ihm, und er wollte in der Blutzirkulation. Dann zog sich das Denken des Menschen mehr nach dem Kopfe herauf und wurde reinlicher, wie in dem Glase die dünner gewordene Flüssigkeit oben, und unten bildete sich sozusagen der Bodensatz.

Das war zu der Zeit, als sich die Urlehrer immer mehr und mehr zurückzogen von der Erde, als diese Urweisheit nicht mehr in dieser alten Art gegeben wurde. Und wohin zogen sich diese Urlehrer zurück? Wir finden sie in dieser Mondenfestung wieder! Dadrinnen sind sie und führen ihr weiteres Dasein. Und auf der Erde blieb der Bodensatz zurück, nämlich die jetzige Art der Fortpflanzungskräfte. Diese Fortpflanzungskräfte waren noch nicht in der heutigen Form da, als die Urweisheit auf der Erde vorhanden war, sie sind erst so geworden, gewissermaßen als der Bodensatz. Ich will nicht sagen, daß sie etwas Schlechtes sind, aber es ist in diesem Zusammenhange der Bodensatz. Und das, was oben gewissermaßen die Lösungsflüssigkeit ist, ist heute unsere abstrakte Weisheit. So daß wir da sehen, wie mit der Entwickelung der Menschheit auf der einen Seite das mehr Geistige, im abstrakten Sinne, heraufkommt, und wie auf der andern Seite die gröberen animalischen Dinge als Bodensatz sich ergeben. Auf diese Weise bekommt man nach und nach eine Vorstellung von dem geistigen Inhalt des Mondes. Solch eine Wissenschaft war aber – dazumal hatte sie einen mehr prophetischen Charakter – in dem instinktiven Hellsehen der Menschen schon vorhanden.

Geradeso wie man vom Monde in dieser Art spricht, indem man, ich möchte sagen, auf seine Bevölkerung, auf sein Geistiges hinweist, so kann man auch vom Saturn sprechen. Lernt man durch geisteswissenschaftliche Anstrengung den Saturn kennen, was sich auch schon der Imagination ein wenig, aber nicht viel, mehr aber der Inspiration und Intuition ergibt, so ergibt sich dadurch, daß man sich immer mehr und mehr so vertieft in das Weltenall, daß man verfolgt den sinnlichen Wahrnehmungsprozeß. Der Mensch erlebt diesen sinnlichen Wahrnehmungsprozeß, er sieht irgendein Ding, fühlt dann an dem Ding das Rot. Das ist noch etwas ganz anderes, als wenn man durch die angegebenen Methoden, die Sie in meinen Büchern beschrieben finden, aus dem physischen Leibe herauskommt und dann anschauen kann, wie ein äußerer Gegenstand auf den menschlichen physischen Organismus wirkt, wie da, von innen aufsteigend, die Ätherkräfte dasjenige erfassen, was als physischer Vorgang, als physisch-chemischer Vorgang zum Beispiel im Auge beim Wahrnehmungsprozeß sich abspielt. Ich möchte sagen, das gewöhnliche Sich-Exponieren der Welt in der Wahrnehmung, auch in der wissenschaftlichen Beobachtung, es rührt nicht sehr den Menschen. Wenn man aber auf diese Weise aus sich heraustritt und dann sich vor sich hat in seinem ätherischen Leibe, mit dem Astralischen vielleicht noch, und dann nachträglich sieht, wie ein solcher sinnlicher Wahrnehmungs- oder Erkenntnisvorgang zustande gekommen ist, trotzdem man als geistiges Wesen aus seinem Physisch-Sinnlichen herausgetreten ist, dann fühlt man einen mächtigen, einen intensiven Vorgang in seiner Geistigkeit. Was man da erlebt, ist ein wirkliches Entrücktsein. Die Welt wird groß. Und was man sonst gewohnt ist, nur im äußeren Umkreis zu sehen, den Tierkreis in seinen äußeren Sternbilderoffenbarungen, das entsteht als etwas, was von innen aufsteigt. Wer da etwa sagen würde: In dem, der so spricht, steigen Reminiszenzen auf –, der kennt den betreffenden Vorgang nicht. Denn das, was da aufsteigt, sind wahrhaftig keine Reminiszenzen, sondern das sind mächtige, von Intuitionen durchzogene Imaginationen, und man beginnt dann das, was man sonst nur von außen gesehen hat, jetzt von innen zu sehen. Man wird als Mensch in die ganzen Geheimnisse des Tierkreises verwoben. Und aus dem Inneren des Universums, wenn man den günstigen Augenblick erfaßt, kann einem dann auch innerlich zum Beispiel das Saturngeheimnis aufleuchten in seinem Vorübergange über die Tierkreisbilder. Das Lesen im Kosmos besteht darin, daß man die Methoden findet, aus den innerlich gesehenen Himmelskörpern in ihrem Vorbeigang an den Tierkreisbildern zu lesen. Das, was einem der einzelne Planet sagt, gibt einem die Vokale der Weltenschrift. Und was sich um die Vokale herumgestaltet, wenn die Planeten vorüberziehen an den Tierkreisbildern, das gibt die Konsonanten, wenn ich mich vergleichsweise ausdrücken darf. Man lernt tatsächlich das Wesen des Planetarischen kennen, wenn man so von innen heraus sich eine Anschauung von demjenigen erobert, was man sonst nur in seiner Außenseite schaut.

Das ist der Weg, um zum Beispiel den Saturn nach seiner wahren inneren Wesenheit kennenzulernen. Da ergibt sich einem dann: Da ist seine Bevölkerung, sie ist die Gedächtnisbewahrerin unseres Planetensystems. Alles, was in unserem Planetensystem seit Urzeiten geschehen ist, bewahren wie in einem mächtigen kosmischen Gedächtnis die Saturngeister. Wer daher studieren will, was der geschichtliche, der große kosmisch-geschichtliche Verlauf unseres Planetensystems ist, darf wahrlich nicht darüber spekulieren, wie es *Kant* und *Laplace* gemacht haben, daß da einmal ein Urnebel war, der sich verdichtete und in spiralige Bewegung gekommen ist, von dem dann die Planeten sich abspalteten und die Sonne in der Mitte blieb, um die nun die Planeten kreisen. Ich habe schon öfter darüber gesprochen und gesagt: Es ist schön, wenn man den Kindern das Experiment vormacht, bei welchem man einen in einer Flüssigkeit schwimmenden Öltropfen hat, durch ein Kartenblatt von oben eine Nadel durchsteckt, nun den Öltropfen in eine drehende Bewegung bringt, so daß kleinere Öltropfen sich von ihm loslösen. Es mag sonst gut sein im Leben, wenn man sich vergißt. Aber man darf in einem solchen Falle nicht vergessen, was man im Experiment selbst macht, daß man nämlich selbst erst den Öltropfen in die drehende Bewegung gebracht hat. Und man müßte dementsprechend bei der Kant-Laplaceschen Theorie den Drehenden nicht vergessen, müßte ihn ins Weltenall hinausversetzen, sich dort einen großen, mächtigen «Herrn Lehrer» denken, der da die Stecknadel dreht. Dann hätte man wahr und ehrlich gesprochen. So aber, wie die Wissenschaft heute von diesen Dingen spricht, so spricht sie eben nicht ehrlich.

Ich schilderte Ihnen, wie man dazu kommt, in Wirklichkeit zu sehen, was in den Planeten, was in den Himmelsgebilden überhaupt lebt. Am Saturn muß man studieren, wie das Planetensystem in seinem kosmisch-historischen Werden beschaffen ist. Eine geistige Wissenschaft also kann erst wiederum dasjenige in der menschlichen

Seelenverfassung geben, was dem Menschen wie eine kosmische Erfahrung vorkommen kann. Wir sprechen heute eigentlich nur von irdischen Erfahrungen. Kosmische Erfahrung führt uns hinaus zu einem Miterleben des Kosmos. Und erst wenn wir den Kosmos so miterleben, dann werden wir wiederum einen vergeistigten, spirituellen Instinkt dafür bekommen, was der Jahreslauf ist, in den wir mit unserem organischen und mit unserem sozialen Leben hineinverwoben sind. Wir werden einen Instinkt dafür bekommen, wie doch die Erde in einem ganz andern Verhältnis zum Kosmos steht im Frühling zum Sommer hin, und wiederum in einem andern Verhältnisse steht vom Sommer zum Herbst in den Winter hinein. Dann werden wir einen Sinn bekommen, wie das Leben auf der Erde anders dahinfließt, wenn der Frühling mit seinem Sprießenden und Sprossenden da ist, und wie es anders verläuft, wenn der Herbst mit seinem Ertötenden in der Natur da ist. Wir werden einen Sinn bekommen für den Unterschied des aufwachenden Naturlebens im Frühling von dem schlafenden Naturdasein im Herbst. Dadurch wird der Mensch wiederum reif werden, sich mit seinen Festen, die eine soziale Bedeutung haben können, in den Naturlauf so hineinzustellen, wie ihn die Naturkräfte durch seine physische Organisation hineinstellen in seinen Atmungsablauf und seine Blutzirkulation.

Schauen wir auf das hin, was innerhalb unserer Haut ist, so leben wir da in Atmung und Blutzirkulation. Was wir da sind, das sind wir als physische Menschen, gehören mit dem, was da in uns vorgeht, dem Weltenlauf an. Da leben wir aber nach außen ebenso hineinverwoben in das äußere Naturdasein, wie wir nach innen verwoben sind in unsere Atmung und unsere Blutzirkulation. Und was ist denn der Mensch in Wahrheit in seinem Bewußtsein? Ja, er ist eigentlich ein Regenwurm, aber noch dazu ein solcher Regenwurm, für den es nie regnet. Es ist so schön, wenn man in gewissen Gegenden geht, wo es viel regnet, da kommen dann die Regenwürmer heraus, und man muß sich dann in acht nehmen, was man ja tut, wenn man ein Tier liebt, daß man sie nicht zertritt. Und man denkt sich dann, die armen Kerle müssen immer da unten sein, nur beim Regen kommen sie einmal aus der Erde heraus, und wenn es nicht regnet, dann bleiben sie unten. Aber ein solcher Regenwurm ist der heutige materialistische Mensch, nur einer, für den es nie regnet. Denn wenn wir den Vergleich festhalten wollen, müßte für ihn der Regen in dem Hereinglänzen der geistigen Erkenntnis bestehen, denn sonst wurmt er immer da unten herum, wo es nie Licht wird. Diese Regenwurmnatur muß die Menschheit heute überwinden. Sie muß aus ihr heraus, muß an das Licht, an das Geisteslicht des Tages. Und der Ruf nach dem Michael-Fest ist der Ruf nach dem Geisteslicht des Tages.

Auf das wollte ich Sie hinweisen, bevor ich über die Dinge sprechen kann, die ein Michael-Fest als ein besonders bedeutungsvolles, auch sozial bedeutungsvolles Fest inaugurieren können.

VIERTER VORTRAG

Wien, 1. Oktober 1923

Alle Betrachtungen, die hier in den letzten Tagen von mir vor Ihnen angestellt worden sind, zielten darauf hin, darauf aufmerksam zu machen, wie der Mensch wiederum aus einem Erdenbürger gewissermaßen ein Bürger des Kosmos werden kann, wie der Horizont seines Lebens sich hinausdehnen kann in die Weltenweiten, und wie dadurch das Leben auch innerhalb der irdischen Sphäre nicht nur eine Bereicherung nach Seiten der Ausdehnung, sondern auch eine Bereicherung nach Seiten der Intensität innerer Impulse erlangen kann.

Ich habe das letzte Mal davon gesprochen, wie eine wirkliche Geistesanschauung den Menschen hinführt zu durchschauen, wie die Planeten unseres Planetensystems nicht nur jene physischen Körper sind, von denen die heutige Astronomie spricht, sondern wie sie uns wirklich bewußt werden können als Offenbarungen von geistigen Wesenheiten. Ich habe in dieser Beziehung vom Monde, ich habe vom Saturn gesprochen. Bei der Kürze dieser Betrachtung kann ich nun natürlich nicht auf alle einzelnen Planeten eingehen, das ist auch für unser gegenwärtiges Ziel nicht von Belang. Ich wollte nur darauf hinweisen, wie man die ganze menschliche Seelenverfassung von der Erde in die Welträume hinaus erweitern kann. Dadurch aber wird es einem erst möglich, die äußere Welt als zu sich gehörig zu betrachten, ebenso wie man als zu sich gehörig das betrachtet, was innerhalb der menschlichen Haut vor sich geht, wie man also als zu sich gehörig betrachtet seine Atmung, seine Blutzirkulation und so weiter.

Die heutige Naturwissenschaft betrachtet ja auch unsere Erde so, als ob diese unsere Erde ein bloßer mineralischer, toter Körper wäre. In der heutigen Zivilisation denkt der Mensch gar nicht daran, daß er mit dem, was er zum Beispiel kosmologisch betrachtet, gar keine Wirklichkeit im Auge hat. Für Wirklichkeitsempfinden ist die heutige Seelenverfassung außerordentlich stumpf. Der Mensch nennt leicht zum Beispiel einen Salzkristall wirklich, er nennt auch eine Rose wirklich, und er unterscheidet diese beiden Wirklichkeiten nicht voneinander. Aber ein Salzkristall ist eine in sich abgeschlossene Wirklichkeit, die für sich bestehen kann, eine Rose nicht. Eine Rose hat nur eine Existenz, wenn sie am Rosenstock ist. Eine Rose, ich meine die Blüte der Rose, kann nicht für sich da draußen entstehen. Wenn wir also überhaupt die Vorstellung einer Rosenblüte haben, an der wir unsere Freude haben mögen, sofern wir diese Vorstellung äußerlich realisiert haben, dann haben wir ein Abstraktum, auch wenn wir dieses Abstraktum betasten können, wir haben aber keine wahre Wirklichkeit, die hat nur der Rosenstock. Und ebensowenig hat eine wahre Wirklichkeit jene Erde mit ihrem Urgestein, Schiefer- und Kalkgestein und so weiter, von der uns heute die äußere Wissenschaft erzählt, denn diese Erde gibt es gar nicht, sie ist nur erdacht. Und die wirkliche Erde, hat sie nicht aus dem Festen Pflanzen hervorgebracht, hat sie nicht die Tiere, die Menschen hervorgebracht? Das gehört zur Erde, gehört ebenso zur Erde wie der kristallinische Schiefer der Gebirge, und wenn ich nur eine Erde betrachte, die aus Stein besteht, so habe ich keine Erde. Das ist keine Realität, was die äußere Naturwissenschaft auf irgendeinem Gebiete in der Geologie heute betrachtet.

So handelt es sich eigentlich für unsere ganze letzte Betrachtung darum, nicht nur logisch, sondern wirklichkeitsgemäß vorzugehen. Wir können heute sagen: Die offenbaren Irrtümer der heutigen Bildung genieren uns eigentlich wenig; das leicht Widerlegliche geniert uns wenig. Was am schlimmsten im heutigen Wissen, in der heutigen Erkenntnis ist, das ist das, was sich scheinbar gar nicht widerlegen läßt. – Sehen Sie, es gehört wirklich Geist-Reichtum, exakte Erkenntnis dazu, um alle diejenigen Dinge zu berechnen, die zum Beispiel die heutige geologische Wissenschaft für die Entstehung der Erde berechnet, die Entstehung der Erde vor so und so vielen Millionen Jahren. Allerdings weichen da diese Rechnungen um Kleinigkeiten voneinander ab. Manche Geologen sagen zwanzig Millionen, manche zweihundert Millionen Jahre, aber zwanzig Millionen oder zweihundert Millionen sind heute für die Menschen auch Bagatellen auf andern Gebieten geworden. Trotzdem aber diese Leute so verschiedener Ansicht sind, ist die Rechnungsmethode, die da angewendet wird, wirklich eine solche, daß man allen Respekt davor haben kann. Sie ist exakt, sie ist genau. Aber wie ist sie? Sie ist so, wie wenn ich das menschliche Herz untersuchen würde heute, dann in einem Monat wieder. Durch irgendwelche, sagen wir feinere Untersuchungen komme ich darauf, Veränderungen dieses menschlichen Herzens festzustellen, und ich weiß dann, wie sich dieses Herz im Laufe eines Monats verändert hat. Dann beobachte ich wieder, wie es sich nach einem weiteren Monat verändert hat und so weiter. Das heißt, ich wende auf das menschliche Herz dieselbe Methode an, die die Geologen anwenden, um die geologischen Zeiträume nach Millionen von Jahren zu berechnen, da rechnet man ja auch auf Grund der Ablagerungen und so weiter in den Erdschichten, um daraus, wenn man die kleinen Veränderungen in der entsprechenden Weise zusammenhält, Zahlenangaben zu errechnen. Aber wie kann ich es mit meinen Ergebnissen, die ich über die Veränderungen des menschlichen Herzens gewonnen habe, nun machen? Ich kann jetzt die Methode auf die Veränderungen anwenden und ausrechnen, wie dieses menschliche Herz vor dreihundert Jahren ausgeschaut hat und wie es nach dreihundert Jahren ausschauen wird. Die Rechnung kann stimmen. Nur ist dies Herz vor dreihundert Jahren nicht da gewesen und wird nach dreihundert Jahren auch nicht da sein. So können die geistvollsten, exakten Rechnungsmethoden dazu führen, daß man heute in der geologischen Wissenschaft Angaben darüber macht, wie die Erde vor drei Millionen Jahren ausgeschaut habe, wo es noch kein Silur gegeben habe und so weiter. Die Rechnung kann durchaus stimmen, aber die Erde war noch nicht da. Und ebenso kann heute ausgerechnet werden – das tun die Physiker –, wie nach zwanzig Millionen Jahren die verschiedenen Substanzen ganz anders sein werden. In dieser Beziehung haben die amerikanischen Forscher außerordentlich interessante Forschungen und Darstellungen gegeben, zum Beispiel wie dann Eiweiß aussehen würde; nur wird die Erde als physischer Weltenkörper dann nicht mehr da sein! Logische Methoden also, Exaktheit sind eigentlich gerade das Gefährliche, denn sie lassen sich nicht widerlegen. Es läßt sich nicht widerlegen, wenn man ausrechnen würde, wie das Herz vor dreihundert Jahren ausgeschaut hat, wenn die Methode richtig ist, oder wie die Erde vor zwanzig Millionen Jahren ausgeschaut hat, es läßt sich auch nichts damit tun, wenn man sich um diese Widerlegungen bemühte, sondern wir müssen ein wirklichkeitsgemäßes Denken, eine wirklichkeitsgemäße Weltanschauung erfassen.

Auf eine solche allseitige Erfassung der Wirklichkeit kommt es gerade bei der Geisteswissenschaft auf allen Gebieten an. Und durch solche Methoden, wie ich sie gestern dargestellt habe, durch solche verinnerlichten Methoden, durch die man, wie ich gestern zeigte, die Mond- und die Saturnbevölkerung kennenlernt, lernt man nun auch nicht nur das Verhältnis der Erde zu ihren eigenen Wesen, sondern das Verhältnis jedes Wesens des Weltenalls zu dem Wesen des Kosmos kennen. Überall in der Welt ist im Materiellen, das nur der äußere Ausdruck für das Geistige ist, das Geistige enthalten. Imagination, Inspiration und Intuition finden überall in dem Sinnlichen, in dem Physischen das Geistige, aber sie finden dieses Geistige nicht bloß so, daß man es, sagen wir, in scharfen Konturen erfassen kann, sondern sie finden das Geistige in einer unaufhörlichen Beweglichkeit, in einem unaufhörlichen Leben. Und geradeso wie das, was die Geologie als die Gesteine uns liefert, keine Wirklichkeit hat, sondern die Erde zunächst auch in ihrem Hervorbringen von Pflanzen, Tieren und physischen Menschen gesucht werden muß, so muß die Erde, wenn sie in ihrer Gesamtwirklichkeit erfaßt werden soll, auch erfaßt werden als die äußere physische Ausgestaltung des Geistigen.

Man lernt zunächst durch die Imagination kennen, wie das Erdengeistige sich dennoch in einer gewissen Beziehung unterscheidet von dem, wenn ich mich so ausdrücken darf, Menschengeistigen. Tritt ein Mensch vor mich hin, so sind allerdings viele, mannigfaltige Äußerungen seines Wesens vor meiner Anschauung. Ich sehe, wie er geht, ich höre, wie er spricht, ich sehe seine Physiognomie, ich sehe die Gesten seiner Arme und Hände. Das alles aber leitet mich an, nach einem einheitlichen Seelisch-Geistigen, das in ihm die Herrschaft hat, zu suchen. Geradeso wie hier schon der Instinkt nach einem einheitlichen Seelisch-Geistigen in dem abgeschlossenen Menschenwesen suchen muß, so findet die imaginative Erkenntnis, wenn sie die Erde betrachtet, nun nicht ein einheitliches Erdengeistiges, sondern sie findet gerade das Erdengeistige als eine Vielheit, als eine Mannigfaltigkeit. Man sollte daher nicht aus Analogie vom Geistigen des Menschenwesens schließen auf einen einheitlichen Erdengeist, denn die wirkliche Anschauung gibt eine Mannigfaltigkeit von Erdengeistigkeit, sozusagen von geistigen Wesenheiten, die in den Reichen der Natur der Erde leben. Aber diese geistigen Wesenheiten machen ein Leben durch, sind in einem Werden.

Nun schauen wir uns einmal an, was diese Imagination, die durch die Inspiration unterstützt wird, im Laufe eines Jahres an Erdenwerden wahrnimmt. Lenken wir zuerst den Seelenblick auf den Winter. Die Erde bedeckt sich äußerlich mit Frost und Schnee, die Keime sozusagen der Erdenwesen, der Pflanzen, sind zurückgenommen in die Erde. Gerade das, was keimend mit der Erde zusammenhängt – von der Tier- und Menschenwelt können wir dabei absehen –, zieht die Erde in ihr Inneres zurück. Wir lernen zu dem sprießenden, sprossenden Leben des Frühlings und des Sommers im Winter das ersterbende Leben kennen. Aber was bedeutet in geistiger Beziehung dieses ersterbende Leben des Winters? Es bedeutet, daß jene geistigen Wesenheiten, die wir als elementarische geistige Wesenheiten bezeichnen können, die das eigentlich Belebende namentlich in den Pflanzen sind, sich in die Erde selber zurückziehen, mit der Erde inniglich verbunden sind. Das ist im Winter der imaginative Anblick der Erde, daß die Erde gewissermaßen ihre geistigen Elementarwesen in ihren Körper aufnimmt, sie in ihrem Körper birgt. Die Erde ist im Winter am geistigsten, das heißt am meisten durchdrungen von ihren elementarischen Geistwesen.

Bei demjenigen, der dieses anschaut, geht wie alle übersinnliche Anschauung auch diese in die Empfindung, in das Gefühl über. Er schaut während des Winters auf die Erde empfindend hin und sagt sich: Da, wo die Schneedecke liegt, wird aber der Erdenkörper so zugedeckt, daß in diesem Erdenkörper die elementargeistigen Wesen des Erdendaseins selber wohnen. Kommt der Frühling, dann verwandelt sich die Verwandtschaft dieser elementargeistigen Wesen mit der Erde in die Verwandtschaft mit der kosmischen Umgebung. Was während des Winters in diesen Wesen eine tiefe Verwandtschaft abgegeben hat mit der Erde selber, wird während des Frühlings mit der kosmischen Umgebung verwandt, die Elementarwesen streben aus der Erde heraus. Und der Frühling besteht eigentlich darin, daß die Erde ihre Elementarwesen in Hingabe an das Weltenall entströmen läßt. Diese Elementarwesen brauchen im Winter das Ruhen im Schoße der Erde, sie brauchen im Frühling das Ausströmen durch die Luft, durch die Atmosphäre, das Bestimmtwerden durch die geistigen Kräfte des Planetensystems, die geistigen Kräfte von Merkur, Mars, Jupiter und so weiter. Alles das, was vom Planetensystem auf die Erdengeister wirken kann, das wirkt im Winter nicht, es beginnt zu wirken im Frühling. Und es ist wirklich so, daß wir hier einen kosmischen Vorgang beobachten können, der mehr geistig ist im Verhältnis zu einem Vorgang im Menschen, der mehr materiell ist: dem Atmungsvorgang im Menschen. Wir atmen die äußere Luft ein, bergen sie in unserem eigenen Leibe, wir atmen sie wieder aus; wir atmen ein, wir atmen aus. Einatmen, ausatmen ist ein Bestandteil des menschlichen Lebens. Die Erde hat ihre ganze Geistigkeit im Winter eingeatmet, beginnt, wenn der Frühling kommt, ihre Geistigkeit wieder in den Kosmos hinauszuatmen. Und der Mensch empfand das in sehr alten Zeiten der Menschheitsentwickelung, als noch eine Art instinktives Hellsehen vorhanden war. Er empfand daher das Angemessene des Erdendaseins zur Wintersonnenwende in dem Weihnachtsfest. Da wo die Erde am geistigsten ist, da durfte sie ihm das Geheimnis des Weihnachtsfestes bergen. Der Erlöser konnte sich nur mit einer Erde verbinden, die ihre ganze Geistigkeit in ihren Schoß aufgenommen hat.

Aber für das Fest, für welches die Empfindung aufleben sollte, daß der Mensch nicht nur der Erde angehört, sondern daß er dem ganzen Weltenall angehört, und daß er als Erdenbürger mit seiner Seele am Weltenall erwachen kann, für dieses Auferstehungsfest konnte nur diejenige Zeit in Anspruch genommen werden, welche alles Erdengeistige in den Kosmos hinausführt. Daher sehen wir das Weihnachtsfest verbunden mit Erdentatsachen, mit der Winterfinsternis der Erde, mit dem – in einem gewissen Sinne – Schlafen der Erde. Das Osterfest dagegen sehen wir so in den Jahreslauf eingezeichnet, daß wir es nicht nach Erdenangelegenheiten bestimmen, daß wir es bestimmen nach kosmischen Angelegenheiten. Der erste Sonntag nach Frühlingsvollmond ist bestimmend für das Osterfest. Also die Sterne mußten den Menschen in früheren Zeiten sagen, wann das Osterfest sein soll, weil da die ganze Erde sich öffnet dem Kosmos. Da mußte die Schrift des Kosmos zu Hilfe genommen werden, da mußte der Mensch gewahr werden, daß er nicht nur ein Erdenwesen ist, daß er im Frühlingsosterfest sich selber öffnen muß den kosmischen Weiten.

Es tut einem wirklich in der Seele weh, wenn diese großartigen Gedanken einer durchlebten Zeit der Menschheit, die in bezug auf solche Gedanken noch größer war als die heutige, nun heute so diskutiert werden, wie wir es schon seit zwanzig, fünfundzwanzig Jahren gewohnt sind, daß allerlei Leute, die es glauben gut zu meinen mit der Menschheit, sich darüber unterhalten, wie man doch das Osterfest nicht so beweglich halten sollte; wenigstens sollte man es auf den ersten Sonntag im April festsetzen, also äußerlich, ganz abstrakt. Ich habe Diskussionen anhören müssen, wo man darauf aufmerksam machte, wie das in den Bilanzbüchern der Kaufleute Unordnung mache, daß das Osterfest so beweglich ist, und wie es viel regelmäßiger mit den Geschäften abgehen würde, wenn das Osterfest streng geregelt wäre. Es tut einem, wie gesagt, in der Seele weh, wenn man sieht, wie weltenfremd diese Zivilisation geworden ist, die sich praktisch dünkt, denn ein solcher Vorschlag ist das Unpraktischste, was sich denken läßt; unpraktisch, weil diese Zivilisation zwar für den Tag Praxis begründen kann, nie aber für das Jahrhundert. Für das Jahrhundert kann nur dasjenige Praxis begründen, was im Einklange mit dem Weltenall ist. Da muß aber der Jahreslauf den Menschen immer hinweisen können auf das innere Leben mit dem ganzen Kosmos.

Und gehen wir vom Frühling nach dem Sommer zu, so verliert die Erde immer mehr und mehr ihre Geistigkeit im Inneren. Diese Geistigkeit, die Elementarwesen, gehen vom Irdischen in das Außerirdische, kommen ganz unter den Einfluß der kosmischen, planetarischen Welt. Das war einstmals die ungeheuer tiefe Kulthandlung, die innerhalb gewisser Mysterienstätten in derjenigen Zeit entfaltet wurde, in der wir heute das Johannifest im Hochsommer ansetzen.

Dieses Johannifest im Hochsommer war einstmals diejenige Zeit, wo die Eingeweihten, die Mysterienpriester derjenigen Stätten, wo Johannifeste in ihrer ursprünglichen Bedeutung abgehalten wurden, tief durchdrungen waren davon: Was du in der tiefen Winterzeit, bei Wintersonnenwende, suchen mußtest, indem du durch die geistig durchsichtig werdende Schneedecke in das Innere der Erde schautest, das findest du jetzt, indem du den Seelenblick hinausrichtest. Und die Elementarwesen, die während der Winterzeit innerhalb der Erde von dem Erdengründigen bestimmt waren, sind jetzt bestimmt von den Planeten. Du lernst von den Wesen, die du im Winter in der Erde suchen mußtest, während der Hochsommerzeit ihre Erlebnisse mit den Planeten kennen. – Und so wie sonst der Mensch unbewußt seinen Atmungsvorgang als etwas erlebt, was zu seinem Dasein innerlich gehört, so erlebte der Mensch einstmals sein Dasein hinzugehörig zu dem Jahreslaufe – im Geistigen, das zur Erde gehört. Er suchte die ihm verwandten Elementarwesen der Natur während des Winters in den Erdentiefen; er suchte sie während der Hochsommerzeit in Wolkenhöhen. Er fand sie in den Tiefen der Erde innerlich durchwoben und durchlebt von den eigenen Erdenkräften in Verbindung mit dem, was die Mondenkräfte in der Erde zurückgelassen haben; er fand sie während der Hochsommerzeit hingegeben an die Weiten des Weltenalls.

Und wenn die Hochsommerzeit sich neigt, dann beginnt auch wieder die Erde einzuatmen ihr Geistiges, so daß von der Johannizeit abwärts, wenn die Erde ihr Geistiges einatmet, sich wiederum diejenige Zeit vorbereitet, wo die Erde ihr Geistiges in sich tragen wird.

Der Mensch ist heute wenig geneigt, auf dieses Einatmen und Ausatmen der Erde hinzuschauen. Die menschliche Atmung ist mehr ein physischer Vorgang, die Erdenatmung ist ein geistiger Vorgang, ist ein Hinausschreiten der elementarischen Wesenheiten der Erde in Weltenräume und ein Eingesenktwerden dieser Wesenheiten in die Erde. Aber wirklich, geradeso wie der Mensch das, was in seiner Blutzirkulation vorgeht, in seiner inneren Lebenshaltung miterlebt, so erlebt er eigentlich als vollmenschliches Wesen den Jahreslauf mit. Wie das Kreisen des Blutes innerlich wesentlich ist für sein Dasein, so ist – in einem weiteren Sinne – für das Menschendasein wesentlich dieses Kreisen der elementarischen Wesenheiten von der Erde hinauf zum Himmel und wieder zur Erde zurück. Und nur die Grobheit der Empfindung läßt den Menschen heute nicht mehr ahnen, was da eigentlich in ihm selber abhängt von diesem äußeren Gang im Jahre. Aber indem der Mensch im Laufe der Zeit sich wird bemühen müssen, die Vorstellungen aufzunehmen, welche Geisteswissenschaft, übersinnliche Erkenntnis ihm liefert, indem er jene innere Aktivität wird entwickeln müssen, die er braucht, um dasjenige wirklich sich innerlich-seelisch gegenwärtig zu machen, was als geisteswissenschaftliche Resultate ihm anvertraut wird, wird ein solches Erfassen dieser geisteswissenschaftlichen Resultate auch seine Empfindungsfähigkeit feiner machen. Dies ist es eigentlich, was Sie alle von der Vertiefung in jene übersinnliche Erkenntnis erwarten sollten, welche die Anthroposophie meint. Wenn Sie ein anthroposophisches Buch lesen, meinetwillen sogar wenn Sie einen Zyklus lesen, und Sie lesen ihn so, daß Ihr Lesen gleicht dem Lesen eines andern Buches, daß Ihr Lesen so abstrakt vor sich geht wie das Lesen eines andern Buches, dann haben Sie eigentlich gar nicht nötig, anthroposophische Literatur zu lesen. Da rate ich lieber, lesen Sie Kochbücher oder technische Lehrbücher oder dergleichen, denn das ist dann nützlicher, oder eine Anleitung, wie man am besten Geschäfte macht. Anthroposophische Bücher lesen oder anthroposophische Vorträge anhören, hat nur dann einen Sinn, wenn man gewahr wird, daß man, um diese Resultate aufzunehmen, sich ganz anders stimmen muß als für andere Resultate. Das geht schon daraus hervor, daß diejenigen Menschen, die heute sich eigentlich für die besonders Klugen halten, diese anthroposophische Literatur doch für einen Wahnsinn halten. Ja, sie müssen doch auch Gründe dafür haben, daß sie sie für einen Wahnsinn halten. Die Gründe sind diese, daß sie sagen: Alles andere sagt anderes, alles andere stellt uns die Welt anders dar. Wir können uns doch nicht darauf einlassen, daß da diese Anthroposophen kommen und die Welt ganz anders darstellen! – Ja, anders ist es eben, was als anthroposophische Resultate in die Welt tritt, als das, was einem heute sonst erzählt wird. Ich muß schon sagen: Die Politik, die manchmal befolgt wird von manchen unserer Freunde, Anthroposophie dadurch schön machen zu wollen vor der Welt, daß man eigentlich die Sache so hinstellt, als ob es gar keine Widersprüche gäbe mit den trivialen Meinungen der andern: diese Bestrebungen kann man eigentlich nicht richtig finden, obwohl man sie immer wieder antrifft. Man braucht eine andere Einstellung, eine ganz andere Orientierung der Seele, wenn man das nun wirklich plausibel, faßbar, begreiflich, gescheit und nicht für wahnsinnig halten will, was Anthroposophie sagt.

Wenn man aber diese andere Orientierung bekommt, dann wird nach einiger Zeit nicht nur der menschliche Intellekt dadurch eine Schulung durchmachen, sondern es wird das menschliche Gemüt eben eine Schulung durchmachen; es wird feiner empfindlich werden, dieses Gemüt. Und das Gemüt wird nicht nur den Winter so fühlen, daß man sich da den Winterrock anzieht, wenn es kalt wird, und es wird den Sommer nicht nur so fühlen, daß man eine Anzahl Kleider ablegt, wenn es wieder warm wird, sondern man wird im Laufe des Jahres jene feinen Übergänge vorgehen fühlen von dem frostigen Schnee im Winter zur schwülen Hochsommerzeit im Erdendasein. Und man wird lernen, den Gang des Jahres wirklich so zu empfinden, wie wir die Äußerungen eines lebendigen, beseelten Wesens empfinden. Ja man kann durch richtiges Anthroposophiestudieren das Gemüt so weit bringen, daß einem der Jahreslauf so sprechend wirklich wird, daß man sich den Äußerungen dieses Jahreslaufes gegenüber fühlt wie den Zusprüchen oder den Absprüchen einer Freundesseele. Wie man aus den Worten der Freundesseele, aus dem ganzen Gebaren der Freundesseele empfinden kann den warmen Pulsschlag des beseelten Wesens, der einen wahrhaftig anders anspricht als irgend etwas Lebloses, Unbeseeltes, so wird die erst stumme Natur wie beseelt für den Menschen zu sprechen beginnen können. Der Mensch wird Seele, im Werden verlaufende Seele im Jahreslaufe empfinden lernen, wird hinhorchen lernen auf das, was das Jahr zu sagen hat, wie auf das große lebendige Wesen, während er es sonst in seinem Leben mit kleinen lebendigen Wesens zu tun hat, er wird lernen, sich in den ganzen beseelten Kosmos hineinzustellen. Wenn aber dann der Sommer übergeht in den Herbst und der Winter sich naht, dann wird ihm gerade dadurch ein Besonderes aus der Natur heraus sprechen.

Wer diejenige feine Empfindung gegenüber der Natur, die ich charakterisieren wollte, nach und nach sich aneignet – und der Anthroposoph wird nach einiger Zeit bemerken, daß dies das Gefühlsresultat, das Gemütsresultat seines anthroposophischen Strebens sein kann –, wird unterscheiden lernen: Naturbewußtsein, das da entsteht während der Frühlings- und Sommerzeit, und eigentliches Selbstbewußtsein, das da sich wohlfühlt während der Herbstes- und Winterzeit. Naturbewußtsein: die Erde entwickelt, wenn der Frühling kommt, ihr sprießendes, sprossendes Leben. Und wer die richtige Empfindung gegenüber diesem sprießenden, sprossenden Leben hat, wer sprechen läßt in sich, was da eigentlich während des Frühlings vorhanden ist – man braucht es nicht bewußt zu haben, es spricht auch im Unterbewußtsein zum vollen menschlichen Leben –, wer das alles hat, der sagt nicht bloß: Die Blume blüht, die Pflanze keimt –, sondern der fühlt wahrhaftig ein Hingegebensein an die Natur, so daß er sagen kann: Mein Ich blüht in der Blume, mein Ich keimt in der Pflanze. – Dadurch erst entsteht Naturbewußtsein, daß man mitmachen lernt dasjenige, was im sprießenden, sprossenden Leben sich entwickelt, sich entfaltet. Mit der Pflanze keimen können, mit der Pflanze blühen können, mit der Pflanze fruchten können: das ist das, was Herausgehen des Menschen aus seinem Inneren bedeutet, was Aufgehen in der äußeren Natur bedeutet. Geistigkeit entwickeln, bedeutet wahrhaftig nicht, sich verabstrahieren. Geistigkeit entwickeln bedeutet, dem Geist in seinem Weben und Werden nachfolgen können. Und wenn so der Mensch, indem er mit der Blüte blüht, mit dem Keime keimt, mit der Frucht fruchtet, selber in seiner feinen Naturempfindung die Frühlings- und Sommerzeit hindurch dieses Naturempfinden entwickelt, so bereitet er sich dadurch vor, gerade in der Hochsommerzeit hingegeben an das Weltenall, an den Sternenhimmel zu leben. Dann wird jedes Leuchtkäferchen etwas wie eine geheimnisvolle Offenbarung des Kosmischen; dann wird, ich möchte sagen, jeder Hauch in der Atmosphäre zur Hochsommerzeit eine Ankündigung vom Kosmischen innerhalb des Irdischen.

Dann aber, wenn die Erde wieder einatmet, und wenn man gelernt hat, mit der Natur zu empfinden, mit den Blumen zu blühen, mit den

Keimen zu keimen, mit den Früchten zu fruchten, dann kann man allerdings nicht anders, weil man gelernt hat, mit seinem eigenen Wesen in der Natur zu sein, als nun auch das Herbsten und das Wintern mitzuerleben. Wer gelernt hat, mit der Natur zu leben, der bringt es auch dahin, mit der Natur zu sterben. Wer gelernt hat, im Frühling mit der Natur zu leben, der lernt auch, im Herbst mit der Natur zu sterben. Und so ist es, daß man auf eine andere Weise wieder hineinkommt in jene Empfindungen, die einmal den Mithraspriester so innerlich durchseelten, wie ich es in diesen Tagen beschrieben habe. Der Mithraspriester empfand in seinem eigenen Leibe den Jahreslauf. Das ist nicht mehr der gegenwärtigen Menschheit angemessen. Aber das muß immer mehr und mehr der Menschheit der nächsten Zukunft angemessen werden, und die Anthroposophen sollen Pioniere dieses Erlebens sein, den Jahreslauf mitzuerleben, mit dem Frühling leben zu können, mit dem Herbst sterben zu können.

Aber der Mensch darf nicht sterben. Der Mensch darf sich nicht überwältigen lassen. Er kann mit der sprießenden, sprossenden Natur mitleben, er kann an ihr das Naturbewußtsein entwickeln. Aber wenn er das Sterben mit der Natur miterlebt, dann ist dieses Miterleben die Aufforderung, in seinem Inneren die eigenen Schaffenskräfte seines Wesens diesem Sterben entgegenzustellen. Dann sprießt und sproßt das Geistig-Seelische, das eigentliche Selbstbewußtsein in ihm auf, und er wird im innerlichen Erleben, wenn er das Sterben der Natur im Herbste und Winter mitmacht, der Auferwecker seines eigenen Selbstbewußtseins im höchsten Grade. Und so wird der Mensch, so metamorphosiert er sich selber im Jahreslaufe, indem er erlebt: Naturbewußtsein – Selbstbewußtsein. Da muß dann, wenn das Sterben der Natur mitgemacht wird, die innere Lebenskraft erwachen. Wenn die Natur ihre Elementarwesen hineinnimmt in ihren Schoß, muß die innere Menschenkraft zum Erwachen des Selbstbewußtseins werden.

Michael-Kräfte – jetzt spürt man sie wieder! Aus ganz andern Voraussetzungen ist das Bild des Streites Michaels mit dem Drachen in alten instinktiven Hellseherzeiten entstanden. Jetzt aber, indem wir in aller Lebendigkeit begreifen: Naturbewußtsein – Selbstbewußtsein, Frühlings-, Sommer-, Herbst-, Winterzeit, stellt sich mit dem Ende des September wieder dieselbe Kraft vor den Menschen hin, die ihm vergegenwärtigt, was eben, wenn man das Sterben der Natur mitmacht, aus diesem Grabe als siegende Kraft sich entwickeln soll, welche im Inneren des Menschen zur Hellheit das wahre, das starke Selbstbewußtsein entfacht. Jetzt ist wieder der über den Drachen siegende Michael da.

So muß einfach anthroposophisches Wissen, anthroposophische Erkenntnis als Kraft in das menschliche Gemüt einfließen. Und der Weg geht von unseren trockenen, abstrakten, aber exakten Vorstellungen dahin, wo die ins Gemüt aufgenommene lebendige Erkenntnis uns wiederum hinstellt vor etwas, was so lebensvoll ist wie in alten Zeiten das herrliche Bild des Michael, der den Drachen bekämpft. Anderes als abstrakte Begriffe steht damit wiederum in der Weltanschauung vor unseren Seelen. Glauben Sie nicht, daß solches Erleben ohne Folgen für das Gesamtdasein des Menschen auf der Erde ist. Wie der Mensch sich in das Unsterblichkeitsbewußtsein, wie er sich in das Bewußtsein des vorirdischen Daseins einlebt, das habe ich oftmals im Laufe der Jahre in den anthroposophischen Zusammenkünften auch hier in Wien dargestellt. Ich wollte Ihnen gerade bei diesem Zusammensein darstellen, wie der Mensch aus der geistigen Welt – aber jetzt in völlig konkretem Sinne – in sein Gemüt herein die geistige Kraft bekommen kann. Es genügt wahrlich nicht, daß man im allgemeinen in pantheistischer oder sonstiger Weise davon spricht, dem Äußeren liege auch ein Geist zugrunde. Das wäre geradeso abstrakt, wie wenn man sich damit begnügen möchte, zu sagen: Ein Mensch hat eben Geist. – Was bedeutet das, nur sagen zu können: Ein Mensch hat Geist? – Geist hat für uns erst eine Bedeutung, wenn der Geist zu uns in konkreten Einzelheiten spricht, wenn er sich uns in konkreten Einzelheiten in jedem Augenblicke offenbart, wenn er uns Trost, Erhebung, Freude geben kann. Der pantheistische Geist in den philosophischen Spekulationen hat gar keine Bedeutung. Der lebendige Geist, der in der Natur zu uns spricht, wie die Menschenseele in einem Menschen zu uns spricht, er ist es erst, der belebend und erhebend in das menschliche Gemüt einziehen kann.

Dann aber wird dieses menschliche Gemüt aus einer solchen, im

Gemüte verwandelten Erkenntnis auch für das Erdendasein jene Kräfte gewinnen, welche die Menschheit gerade für das soziale Leben braucht. Die Menschheit hat sich durch drei bis vier Jahrhunderte angewöhnt, alles Naturdasein und auch das Menschendasein nur mit intellektuellen, abstrakten Vorstellungen anzuschauen. Und jetzt, wo die Menschheit vor die großen Probleme des sozialen Chaos gestellt wird, möchte man mit diesem Intellektualismus auch die sozialen Probleme lösen. Niemals aber werden die Menschen damit etwas anderes als Schimären erzeugen. Um auf dem sozialen Gebiete mitreden zu können, dazu gehört ein volles Menschenherz. Aber das kann nicht da sein, wenn der Mensch nicht seine Beziehung zum Kosmos und namentlich zum geistigen Inhalt des Kosmos findet. In dem Augenblick wird die Morgendämmerung auch für ein notwendiges Lösen der augenblicklichen sozialen Fragen da sein, in dem die menschlichen Gemüter Geistbewußtsein in sich aufnehmen werden, jenes Geistbewußtsein, das sich zusammensetzt aus der Abwandlung von Naturbewußtsein: Frühling-Sommerbewußtsein, zum Selbstbewußtsein: Herbst-Winterbewußtsein. Im tiefen Sinne hängt dadurch zum Beispiel nicht der Verstandesinhalt des sozialen Problems, sondern die Kraft, die das soziale Problem braucht, davon ab, daß eine genügend große Anzahl von Menschen solche geistigen Impulse in das Innere aufnehmen können.

Das alles aber ist notwendig, sich vor das menschliche Gemüt zu führen, wenn man daran denkt, daß zu den drei Festen, die abgeschattet sind in Weihnachtsfest, Osterfest, Johannifest, hinzugefügt werden soll das Herbstesfest, das Michael-Fest. Schön, ungeheuer schön wäre es, wenn dieses Michael-Fest Ende September mit aller menschlichen Herzenskraft gefeiert werden könnte. Aber es darf nicht so gefeiert werden, daß man diese oder jene Veranstaltungen macht, die als abstrakte Gemütsempfindungen verlaufen, sondern zu einem Michael-Fest gehören Menschen, die alles das in ihren Seelen voll erfühlen, was im Inneren des Menschen das Geistbewußtsein rege machen kann. Denn wie steht das Osterfest da unter den Festen des Jahres? Ein Auferstehungsfest ist es. Es erinnert uns an jene Auferstehung, die durch das Herabkommen des Sonnengeistes Christus in einen menschlichen Leib sich im Mysterium von Golgatha vollzogen hat. Erst der Tod, dann die Auferstehung für die äußere Anschauung des Mysteriums von Golgatha. Wer das Mysterium von Golgatha in diesem Sinne versteht, der schaut in diesem Erlösungsweg Tod und Auferstehung an. Und er spricht dann vielleicht in seiner Seele: Ich muß mich mit dem Christus, welcher der Sieger ist über den Tod, verbünden in meinem Gemüte, um im Tode die Auferstehung zu finden. – Aber das Christentum ist nicht abgeschlossen mit den Traditionen, die sich an das Mysterium von Golgatha knüpfen, es muß weitergehen. Das menschliche Gemüt verinnerlicht sich im Laufe der Zeit, und der Mensch braucht zu diesem Feste, das ihm vor Augen stellt Tod und Auferstehung des Christus, jenes andere Fest, durch das dem Menschen in verinnerlichter Weise der Jahreslauf erscheint, so daß er zuerst im Jahreslaufe die Auferstehung der Seele finden kann, erst die Seele zur Auferstehung bringen muß, damit sie in würdiger Weise durch die Todespforte gehen kann. Osterfest: erst Tod, dann Auferstehung; Michael-Fest: erst Auferstehung der Seele, dann Tod.

Damit wird das Michael-Fest zu einem umgekehrten Osterfest. Im Osterfest feiert der Mensch die Auferstehung des Christus vom Tode. Im Michael-Fest muß der Mensch mit aller Intensität der Seele fühlen: Wenn ich nicht wie ein Halbtoter schlafen will, so daß ich mein Selbstbewußtsein abgedämpft finde zwischen Tod und neuer Geburt, sondern in voller Klarheit durch die Todespforte durchgehen will, muß ich, um das zu können, durch innere Kräfte meine Seele auferwecken vor dem Tode. – Erst Auferweckung der Seele, dann Tod, damit im Tode dann jene Auferstehung, die der Mensch in seinem Inneren selber feiert, begangen werden kann.

Mögen diese Vorträge ein wenig dazu beigetragen haben, sozusagen die Brücke zu schlagen zwischen den bloßen Verstandeserkenntnissen der Anthroposophie und demjenigen, was Anthroposophie sein kann den menschlichen Gemütern. Dann werde ich sehr froh sein und in der Zukunft lieb zurückdenken können gerade an das, was wir in diesen Vorträgen besprechen konnten, in diesen Vorträgen, die ich wahrhaftig nicht zu Ihrem Verstande, die ich zu Ihrem Gemüte sprechen wollte, und durch die ich auf eine Art, wie man es heute nicht gewohnt ist, hinweisen wollte auch auf die sozialen Anregungen, welche die Menschheit heute sogar sehr nötig hat. Stimmung für soziale Impulse werden wir eigentlich erst durch eine solche innerliche Vertiefung des Gemütes in die Menschheit hereinbekommen. Das ist es, was mir jetzt besonders stark vor die Seele tritt, wo ich diese Vorträge, die ich wirklich vor Ihnen hier, vor den lieben Österreichern, aus einem inneren Herzensbedürfnis heraus gehalten habe, abschließen muß.

Hinweise:
Zu dieser Ausgabe / Hinweise zum Text

*

Namenregister / Literaturhinweis

*

Rudolf Steiner Leben und Werk

*

Übersicht über die Rudolf Steiner Gesamtausgabe

HINWEISE

(Angaben zu bestimmten Auflagen beziehen sich auf Bände der Rudolf Steiner Gesamtausgabe)

Zu dieser Ausgabe

Textunterlagen: Die Vorträge wurden stenographisch aufgenommen und von den Stenographen in Klartext übertragen. Dieser Übertragung liegt der gedruckte Text zugrunde. Die Vorträge «Der Jahreskreislauf» wurden von der Berufsstenographin Helene Finckh mitgeschrieben, die seit 1917 regelmäßig die Vorträge im Auftrag Rudolf Steiners aufnahm. Die Vorträge «Die Anthroposophie und das menschliche Gemüt» wurden von Walter Vegelahn mitgeschrieben, einem tüchtigen Laienstenographen, der vor allem in Berlin in den Jahren vor dem ersten Weltkrieg eine große Zahl von Vorträgen aufnahm und dessen Texte im allgemeinen zuverlässig sind. – Für die 7. Auflage (1990) wurde der Text sorgfältig durchgesehen, die Hinweise erweitert. Beigefügt wurden ein Namenregister und ein erweitertes Inhaltsverzeichnis.

Titel der beiden Zyklen: «Der Jahreskreislauf»: Der Titel wurde von Marie Steiner für die 1. Auflage 1936 gewählt. – «Die Anthroposophie und das menschliche Gemüt»: Von Rudolf Steiner angekündigter Titel für die Wiener Vorträge.

Zu den Vorträgen «Die Anthroposophie und das menschliche Gemüt»: Rudolf Steiner hielt diese Vorträge für die Mitglieder der Anthroposophischen Gesellschaft in Österreich anläßlich einer Versammlung in Wien zur Begründung der österreichischen Landesgesellschaft, die am 1. Oktober vollzogen werden konnte. Nach seiner Rückkehr aus Wien berichtete er in Dornach am 5. Oktober über alle Veranstaltungen und erwähnt den Vortragszyklus «Die Anthroposophie und das menschliche Gemüt» folgendermaßen: «Die Wiener Tagung, die eben abgelaufen ist, von der ich komme, ist in einer ganz befriedigenden Weise verlaufen. Es hat sich darum gehandelt, daß zwei öffentliche Vorträge gehalten worden sind am 26. und 29. September, die recht gut besucht waren: Der erste Vortrag über Anthroposophie als Zeitforderung, der zweite Vortrag über die moralisch-religiöse Bedeutung der Anthroposophie. Dann war ich in der Lage, vier Zweigvorträge im Rahmen dieser Tagung zu halten, in denen ich namentlich die Beziehung der Anthroposophie zum menschlichen Gemüte behandelt habe, wobei einiges vom dem eingeflossen ist, was hier schon von den verschiedensten Gesichtspunkten aus erörtert worden ist: von der Bedeutung und der möglichen Erneuerung des Michaelfestes.» (In GA 259.)

Zu den Tafelzeichnungen: Die Original-Wandtafelzeichnungen und -anschriften Rudolf Steiners bei den Vorträgen «Der Jahreskreislauf als Atmungsvorgang der Erde und die vier großen Festeszeiten» vom März und April 1923 sind erhalten geblieben, da die Tafeln damals mit schwarzem Papier bespannt wurden. Sie werden als Ergänzung zu den Vorträgen in einem separaten Band der Reihe «Rudolf Steiner, Wandtafelzeichnungen zum Vortragswerk» verkleinert wiedergegeben. Die in den früheren Auflagen in den Text eingefügten zeichnerischen Übertragungen sind auch für diese Auflage beibehalten worden. Auf die entsprechenden Originaltafeln wird jeweils an den betreffenden Textstellen durch Randvermerke aufmerksam gemacht. – Die Zeichnungen im Text wurden von Assja Turgenjeff angefertigt. Zum Teil stimmen ihre Farbangaben nicht ganz mit den Farben der Tafelzeichnungen überein. Es scheint, daß Turgenjeff die Original-Tafeln, und nicht die Skizzen im Stenogramm von Frau Finckh oder in den Ausschriften derselben, als Vorlage dienten, daß sie aber die Farbgebungen nicht immer ganz genau bestimmen konnte. Auf Original-Entwürfen von Turgenjeff finden sich bei den entsprechenden Tafeln noch Fragezeichen bei den Farbangaben.

Hinweise zum Text

Werke Rudolf Steiners innerhalb der Gesamtausgabe (GA) werden in den Hinweisen mit der Bibliographie-Nummer angegeben. Siehe auch die Übersicht am Schluß des Bandes.

Zu Seite

25 *die Paulusworte:* 1. Kor. 15, 14.

29 *Chthonische Mysterien:* Die Mysterien der Erdentiefen.

42 *Thomas von Aquino*, um 1225–1274, Dominikaner, wurde 1323 heilig gesprochen. – Vgl. u.a. Rudolf Steiner: «Die Philosophie des Thomas von Aquino» (3 Vorträge, Dornach 1920), GA 74.

Albertus Magnus, 1193–1280, lehrte an deutschen Ordensschulen und an der Universität Paris. Wirkte hauptsächlich in Köln.

50 *Dreigliederungsimpuls im sozialen Leben:* Vgl. nebst vielen Vorträgen Rudolf Steiners über die soziale Dreigliederung auch seine «Aufsätze über die Dreigliederung des sozialen Organismus und zur Zeitlage 1915–1921», GA 24.

52 *Das Salzige, das Merkurialische, das Phosphorartige:* Zum Beispiel bei Jakob Böhme. Siehe Rudolf Steiners Schrift «Die Mystik im Aufgange des neuzeitlichen Geisteslebens und ihr Verhältnis zur modernen Weltanschauung» (1901), GA 7, sowie die beiden öffentlichen Vorträge über Jakob Böhme in «Die Welträtsel und die Anthroposophie» (22 Vorträge, Berlin 1905/06), GA 54, und in «Ergebnisse der Geistesforschung» (14 Vorträge, Berlin 1912/13), GA 62.

mein Buch «Theosophie»: «Theosophie. Einführung in übersinnliche Welterkenntnis und Menschenbestimmung» (1904), GA 9.

61 *«Ich singe, wie der Vogel singt»:* Goethe, im Gedicht «Der Sänger».

63 *es «grunelt»:* In «Faust» II, 2. Akt, Felsbuchten des Ägäischen Meeres, Vers 8266.

65 *Sing' mir, o Muse . . .:* Beginn des ersten Gesanges der «Ilias» von Homer.

72 *was ich . . . um die letzte Weihnachtszeit . . . ausführen konnte:* Siehe die Vorträge im Band «Das Verhältnis der Sternenwelt zum Menschen und des Menschen zur Sternenwelt. Die geistige Kommunion der Menschheit» (12 Vorträge, Dornach 1922), GA 219.

77 *Sprüche der sieben Weisen:* Diese waren im delphischen Heiligtum eingeschrieben. – Rudolf Steiner nennt vier der sieben Weisen namentlich – Heraklit, Thales, Anaximenes und Anaxagoras – in seiner Schrift «Die Rätsel der Philosophie in ihrer Geschichte als Umriß dargestellt» (1914), Kap. «Die Weltanschauung der griechischen Denker» und im Vortrag vom 17. Oktober 1919, in «Soziales Verständnis aus geisteswissenschaftlicher Erkenntnis. Die geistigen Hintergründe der sozialen Frage», Band 3 (15 Vorträge, Dornach 1919), GA 191.
In der sonstigen Literatur werden verschiedene Personen zu den sieben Weisen gerechnet und die Siebenzahl wird dabei oft überschritten. Vgl. hierzu O. Willmann: «Geschichte des Idealismus», 3 Bde, 1894–97; Band 1, Braunschweig 1894, S. 245 ff.

81 *das norwegische Olaf-Lied:* Zum Traumlied von Olaf Åsteson siehe die drei Ansprachen vom 1. Januar 1912, 7. Januar 1913 und vom 31. Dezember 1914, sowie ein undatiertes Manuskript zu einer Ansprache, in «Der Zusammenhang des Menschen mit der elementarischen Welt. Kalewala – Olaf Åsteson – Das russische Volkstum. Die Welt als Ergebnis von Gleichgewichtswirkungen» (7 Vorträge, 6 Ansprachen 1912–14), GA 158. Die Ansprache vom 31. Dezember 1914 ist auch enthalten in «Kunst im Lichte der Mysterienweisheit» (8 Vorträge, Dornach 1914/15), GA 275, und als Einzelausgabe erschienen unter dem Titel «Welten-Neujahr. Das Traumlied vom Olaf Åsteson», Dornach 1981.

82 *Sie finden unter den Sagen . . . auch eine, welche davon spricht, daß Jesus in einer Höhle zur Welt gekommen sei:* Dieses Thema läßt sich in mindestens drei Apokryphen nachweisen: im sogenannten «Protevangelium des Jakobus», 18,1–22,1 (in «Neutestamentliche Apokryphen», hg. von E. Hennecke, Tübingen und Leipzig 1904, S. 61 f. und in W. Michaelis: «Die Apokryphen Schriften zum Neuen Testament», Bremen 1956, S. 86 ff.), im sogenannten «Pseudo-Matthäusevangelium», Kap. XIII u. XIV und im sogenannten «Arabischen Kindheitsevangelium», Kap. II, III, IV (beide in E. Bock: «Die Kindheit Jesu. Zwei apokryphe Evangelien», Schriftenreihe «Christus aller Erde», Bd. 14/15, München 1924, S. 49 ff. bzw. 115 ff.).

86 *«Dieses tut zu meinem Angedenken»:* Lukas 22, 19; 1. Kor. 11, 24 und 25.

89 *Zu den Vorträgen «Die Anthroposophie und das menschliche Gemüt»:* Siehe «Zu dieser Ausgabe», S. 165

91 *«Geheimwissenschaft im Umriß»* (1910), GA 13.

101 *Immanuel Kant,* 1724–1804, Philosoph, Mathematiker und Naturwissenschaftler. Siehe: «Allgemeine Naturgeschichte und Theorie des Himmels, oder Versuch von der Verfassung und dem mechanischen Ursprunge des ganzen Weltgebäudes, nach Newtonischen Grundsätzen abgehandelt», Königsberg und Leipzig 1755.

Pierre Simon Laplace, 1749–1827, französischer Astronom und Mathematiker. Siehe sein Werk: «Traité de mécanique céleste» (dt.: «Mechanik des Himmels»), 5 Bände, Paris 1799–1825.

125 *gestern im öffentlichen Vortrage:* Siehe den Vortrag «Anthroposophie und die ethisch-religiöse Lebenshaltung des Menschen» vom 29. September 1923, in «Was wollte das Goetheanum und was soll die Anthroposophie?» (11 Vorträge, verschiedene Orte, 1923/24), GA 84.

127 *Dr. Ludwig Staudenmaier,* geb. 1865. – «Die Magie als experimentelle Naturwissenschaft», 1912; 2. erw. Aufl. Leipzig 1922, S. 24, 25.

128 *Johannes Peter Müller*, 1801–1858, Naturforscher, Begründer der physikalisch-chemischen Schule in der Physiologie, vergleichender Anatom. Lehrer von Haeckel, Virchow und Du Bois-Reymond. Schüler Goethes.

Johannes Müller, .. der selbst zugestanden hat: Die Stelle konnte nicht nachgewiesen werden.

Vgl. zu Staudenmaier und Müller auch Rudolf Steiners Vortrag vom 22. September 1923: «Die Traumeswelt als eine Übergangsströmung zwischen der physisch-natürlichen Welt und der Welt der sittlichen Anschauungen», in «Drei Perspektiven der Anthroposophie. Kulturphänomene (12 Vorträge, Dornach 1923) GA 225.

131 *In Penmaenmawr:* Siehe: «Initiations-Erkenntnis. Die geistige und physische Welt- und Menschheitsentwickelung in der Vergangenheit, Gegenwart und Zukunft, vom Gesichtspunkte der Anthroposophie» (13 Vorträge, Penmaenmawr 1923), GA 227.

was ich in verschiedenen anthroposophischen Vorträgen gerade mit Bezug auf die Druidenmysterien auseinandergelegt habe: Siehe den Bericht, den Rudolf Steiner am 9. September 1923 in Dornach über seinen Aufenthalt in England gab; gedruckt in GA 259. Siehe ferner den oben genannten Band GA 227, besonders den Vortrag vom 24. August 1923. – Über die Druidenmysterien vgl. die beiden Vorträge vom 10. September 1923, einer in «Initiationswissenschaft und Sternenerkenntnis. Der Mensch in Vergangenheit, Gegenwart und Zukunft vom Gesichtspunkt der Bewußtseinsentwickelung» (8 Vorträge, 1923), GA 228, der andere in «Rhythmen im Kosmos und im Menschenwesen. Wie kommt man zum Schauen der geistigen Welt?» (16 Vorträge, Dornach 1923), GA 350.

König Artus: Vergleiche u.a. die Vorträge vom 10. September 1924, in «Esoterische Betrachtungen karmischer Zusammenhänge, Vierter Band: Das geistige Leben der Gegenwart im Zusammenhang mit der anthroposophischen Bewegung» (10 Vorträge und 1 Ansprache, Dornach 1924), GA 238, und vom 21. und 28. August 1924, in «Esoterische Betrachtungen karmischer Zusammenhänge», Sechster Band (15 Vorträge, 1924), GA 240.

133 *Druidenpriester:* Vgl. «Druidenstein», farbige Wiedergabe einer Pastellskizze von Rudolf Steiner, GA K 54.18.

136 *gestern im öffentlichen Vortrage:* Siehe den Hinweis zu S. 125.

138 *Adam Smith,* 1723–1790, englischer Nationalökonom und Philosoph.

Karl Marx, 1818–1883, der Begründer des wissenschaftlichen Sozialismus.

139 *Gustav Theodor Fechner,* 1801–1887, Naturforscher und Philosoph. Siehe seine Schrift «Professor Schleiden und der Mond», Leipzig 1856.

Matthias Jakob Schleiden, 1804–1881, Botaniker, Mediziner und Jurist, entdeckte 1838 den zelligen Aufbau der Pflanzen.

Ich habe schon öfter: Über diese Geschichte hat Rudolf Steiner in verschiedenen Zusammenhängen in über zehn Vorträgen gesprochen. Das erste Mal im Vortrag «Einiges über den Mond in geisteswissenschaftlicher Beleuchtung», am 9. Dezember 1901, in «Metamorphosen des Seelenlebens – Pfade der Seelenerlebnisse», erster Teil (9 Vorträge, Berlin 1909), GA 58.

143 *Methoden, die Sie in meinen Büchern beschrieben finden:* Siehe besonders die Schriften «Wie erlangt man Erkenntnise der höheren Welten?» (1904), GA 10, und «Die Stufen der höheren Erkenntnis» (1905), GA 12.

143 *Das Lesen im Kosmos . . . Vokale . . . Konsonanten:* Vgl. hierzu u.a. den Band «Okkultes Lesen und Okkultes Hören» (11 Vorträge, Dornach und Basel 1914), GA 156.

144 *Kant:* Siehe Hinweis zu S. 101.

Laplace: Siehe Hinweis zu S. 101.

ich habe schon öfter darüber gesprochen: In verschiedenen Zusammenhängen hat Rudolf Steiner den Plateauschen Versuch in über zehn Vorträgen beschrieben und kommentiert, darunter auch zweimal vor den Arbeitern am Goetheanum. Seinen dritten naturwissenschaftlichen Kurs «Das Verhältnis der verschiedenen naturwissenschaftlichen Gebiete zur Astronomie. Himmelskunde in Beziehung zum Menschen und zur Menschenkunde» (18 Vorträge, Stuttgart 1921), GA 323, läßt er mit der Beschreibung des Plateauschen Versuches und der damit verbundenen Denkweise enden.

wenn man den Kindern das Experiment vormacht: Gemeint ist der sogenannte Plateausche Versuch, entwickelt von dem Physiker J. A. F. Plateau (1801–1883). Der von Rudolf Steiner geschätzte Philosoph Vinzenz Knauer (1828–1894) beschreibt diesen Versuch in seinen Vorlesungen über «Die Hauptprobleme der Philosophie» (Wien und Leipzig 1892) so:

«Eines der hübschesten physikalischen Experimente ist der Plateausche Versuch. Es wird eine Mischung aus Wasser und Alkohol bereitet, die genau das spezifische Gewicht des reinen Olivenöles hat, und in diese Mischung dann ein ziemlich starker Tropfen Öl gegossen. Dieser schwimmt nicht auf der Flüssigkeit, sondern sinkt bis in die Mitte derselben, und zwar in Gestalt einer Kugel. Um diese nun in Bewegung zu setzen, wird ein Scheibchen aus Kartenpapier im Zentrum mit einer langen Nadel durchstochen und vorsichtig in die Mitte der Ölkugel gesenkt, so daß der äußerste Rand des Scheibchens den Äquator der Kugel bildet. Dieses Scheibchen nun wird in Drehung versetzt, anfangs langsam, dann immer schneller und schneller. Natürlich teilt die Bewegung sich der Ölkugel mit, und infolge der Fliehkraft lösen von dieser sich Teile ab, welche nach ihrer Absonderung noch geraume Zeit die Drehung mitmachen, zuerst Kreise, dann Kügelchen. Auf diese Weise entsteht ein unserem Planetensystem oft überraschend ähnliches Gebilde: in der Mitte nämlich die größte, unsere Sonne vorstellende Kugel, und um sie herum sich bewegend kleinere Kugeln und Ringe, welche uns die Planeten samt ihren Monden versinnlichen können.» (Vorlesungen während des Sommersemesters, Neunte Vorlesung, S. 281 des oben angeführten Werkes.)

148 *Bagatellen auf andern Gebieten:* Die Geldentwertung in den Nachkriegsjahren.

155 *von diesem äußeren Gang im Jahre:* Vgl. «Anthroposophischer Seelenkalender», Dornach 1982. Auch enthalten im Band «Wahrspruchworte. Anthroposophischer Seelenkalender. Wahrsprüche und Widmungen. Credo – Der Einzelne und das All» (1906–1925), GA 40.

NAMENREGISTER

* = ohne Namensnennung

LITERATURHINWEIS

Zur Weiterführung und Vertiefung der Darstellungen des vorliegenden Bandes sei auf folgende Ausgaben von Rudolf Steiner verwiesen:

GA = Rudolf Steiner Gesamtausgabe

Schriften

Wahrspruchworte, GA 40.

Anthroposophischer Seelenkalender in Wahrspruchworte, GA 40; auch als Einzelausgabe erhältlich

Vorträge

Die menschliche Seele in ihrem Zusammenhang mit göttlich-geistigen Individualitäten. Die Verinnerlichung der Jahresfeste. Elf Einzelvorträge in verschiedenen Städten zwischen dem 6. April und 11. Juli 1923. GA 224

Das Miterleben des Jahreslaufes in vier kosmischen Imaginationen, Sechs Vorträge in Dornach vom 3. bis 13. Oktober und in Stuttgart am 15. Oktober 1923. GA 229

*

Erfahrungen des Übersinnlichen. Die drei Wege der Seele zu Christus. Vierzehn Einzelvorträge zwischen dem 11. Januar und 29. Dezember 1912 in verschiedenen Städten, GA 143

Der Zusammenhang des Menschen mit der elementarischen Welt. Kalewala – Olaf Åsteson – Das russische Volkstum. Sieben Vorträge, sechs Ansprachen und eine Fragenbeantwortung, gehalten 1912–1914 in verschiedenen Städten. GA 158

Die geistige Vereinigung der Menschheit durch den Christus-Impuls. Dreizehn Vorträge zwischen dem 19. Dezember 1915 und dem 16. Januar 1916 in verschiedenen Städten. GA 165

Mysterienwahrheiten und Weihnachtsimpulse. Alte Mythen und ihre Bedeutung. Sechzehn Vorträge, Basel und Dornach 23. Dezember 1917 bis 17. Januar 1918. GA 180

Die Sendung Michaels. Die Offenbarung der eigentlichen Geheimnisse des Menschenwesens. Zwölf Vorträge Dornach 21. November bis 15. Dezember 1919. GA 194

In vielen Bänden aus dem Vortragswerk Rudolf Steiners finden sich einzelne Vorträge zu den jeweiligen Jahresfesten (Weihnachten, Ostern, Pfingsten, Johanni, Michaeli, Jahreswende). Nahezu alle diese Vorträge sind auch als Einzelausgaben erhältlich.

Das Lebenswerk Rudolf Steiners ist überliefert in den geschriebenen Werken und in den Nachschriften seiner stets frei gehaltenen Vorträge. Hinzu kommen zahlreiche künstlerische Arbeiten, von denen die beiden Goetheanumbauten weltweite Beachtung gefunden haben. Seine Ausführungen über Pädagogik, Landwirtschaft, Medizin, Nationalökonomie usw. führten zur Begründung zahlreicher Einrichtungen, die als Bereicherung des öffentlichen Kulturlebens immer mehr Anerkennung finden.

Im Auftrag Rudolf Steiners hat Marie Steiner-von Sivers die Vortragsnachschriften durchgesehen und veröffentlicht. Nach ihrem Tod (1948) wurde gemäß ihren Richtlinien von der durch sie 1943 begründeten Rudolf Steiner-Nachlaßverwaltung mit der Herausgabe der Rudolf Steiner-Gesamtausgabe begonnen. Diese wird etwa 350 Bände umfassen. In den beiden ersten Abteilungen erscheinen die *Schriften* und das *Vortragswerk*, in der dritten Abteilung wird das *künstlerische Werk* in entsprechender Form wiedergegeben.

Einen systematischen Überblick über die Gesamtausgabe (GA) gibt der Band «Bibliographische Übersicht. Das literarische und künstlerische Werk von Rudolf Steiner». Über den jeweiligen Stand der erschienenen Bände orientieren die Bücherverzeichnisse und der Gesamtkatalog des Rudolf Steiner Verlages.

Chronologischer Lebensabriß

(zugleich Übersicht über die geschriebenen Werke)

1861 Am 27. Februar wird Rudolf Steiner in Kraljevec (damals Österreich-Ungarn, heute Jugoslawien) als Sohn eines Beamten der österreichischen Südbahn geboren. Seine Eltern stammen aus Niederösterreich. Er verlebt seine Kindheit und Jugend an verschiedenen Orten Österreichs.

1872 Besuch der Realschule in Wiener-Neustadt bis zum Abitur 1879.

1879–1882	Studium an der Wiener Technischen Hochschule: Mathematik und Naturwissenschaft, zugleich Literatur, Philosophie und Geschichte. Grundlegendes Goethe-Studium.
1882	Erste schriftstellerische Tätigkeit.
1882–1897	Herausgabe von Goethes Naturwissenschaftlichen Schriften in Kürschners «Deutsche National-Litteratur», 5 Bände (GA 1a–e). Eine selbständige Ausgabe der Einleitungen erschien 1925 unter dem Titel *Goethes Naturwissenschaftliche Schriften* (GA 1).
1884–1890	Privatlehrer bei einer Wiener Familie.
1886	Berufung zur Mitarbeit bei der Herausgabe der großen «Sophien-Ausgabe» von Goethes Werken. *Grundlinien einer Erkenntnistheorie der Goetheschen Weltanschauung mit besonderer Rücksicht auf Schiller* (GA 2).
1888	Redakteur bei der «Deutschen Wochenschrift», Wien (Aufsätze daraus in GA 31). Vortrag im Wiener Goethe-Verein: *Goethe als Vater einer neuen Ästhetik* (in GA 30).
1890–1897	Weimar. Mitarbeit am Goethe- und Schiller-Archiv. Herausgeber von Goethes Naturwissenschaftlichen Schriften.
1891	Promotion zum Doktor der Philosophie an der Universität Rostock. 1892 erscheint die erweiterte Dissertation: *Wahrheit und Wissenschaft. Vorspiel einer «Philosophie der Freiheit»* (GA 3).
1894	*Die Philosophie der Freiheit. Grundzüge einer modernen Weltanschauung. Seelische Beobachtungsresultate nach naturwissenschaftlicher Methode* (GA 4).
1895	*Friedrich Nietzsche, ein Kämpfer gegen seine Zeit* (GA 5).
1897	*Goethes Weltanschauung* (GA 6). Übersiedlung nach Berlin. Herausgabe des «Magazin für Litteratur» und der «Dramaturgischen Blätter» zusammen mit O. E. Hartleben (Aufsätze daraus in GA 29–32). Wirksamkeit in der «Freien literarischen Gesellschaft», der «Freien dramatischen Gesellschaft», im «Giordano Bruno-Bund», im Kreis der «Kommenden» u. a.
1899–1904	Lehrtätigkeit an der von W. Liebknecht gegründeten Berliner «Arbeiter-Bildungsschule».

1900/01	*Welt- und Lebensanschauungen im 19. Jahrhundert*, 1914 erweitert zu: *Die Rätsel der Philosophie* (GA 18). Beginn der anthroposophischen Vortragstätigkeit auf Einladung der Theosophischen Gesellschaft in Berlin. *Die Mystik im Aufgange des neuzeitlichen Geisteslebens* (GA 7).
1902–1912	Aufbau der Anthroposophie. Regelmäßige öffentliche Vortragstätigkeit in Berlin und ausgedehnte Vortragsreisen in ganz Europa. Marie von Sivers (ab 1914 Marie Steiner) wird seine ständige Mitarbeiterin.
1902	*Das Christentum als mystische Tatsache und die Mysterien des Altertums* (GA 8).
1903	Begründung und Herausgabe der Zeitschrift «Luzifer», später *«Lucifer-Gnosis»* (Aufsätze in GA 34).
1904	*Theosophie. Einführung in übersinnliche Welterkenntnis und Menschenbestimmung* (GA 9).
1904/05	*Wie erlangt man Erkenntnisse der höheren Welten?* (GA 10). *Aus der Akasha-Chronik* (GA 11). *Die Stufen der höheren Erkenntnis* (GA 12).
1910	*Die Geheimwissenschaft im Umriß* (GA 13)
1910–1913	In München werden die *Vier Mysteriendramen* (GA 14) uraufgeführt.
1911	*Die geistige Führung des Menschen und der Menschheit* (GA 15).
1912	*Anthroposophischer Seelenkalender. Wochensprüche* (in GA 40, und selbständige Ausgaben). *Ein Weg zur Selbsterkenntnis des Menschen* (GA 16).
1913	Trennung von der Theosophischen und Begründung der Anthroposophischen Gesellschaft. *Die Schwelle der geistigen Welt* (GA 17).
1913–1922	Errichtung des in Holz als Doppelkuppelbau gestalteten ersten Goetheanum in Dornach/Schweiz. Im gleichen Zeitraum entstanden in Dornach ebenfalls nach Entwürfen Rudolf Steiners mehrere Wohn- und Zweckbauten, so das Haus Duldeck, Haus de Jaager, drei Eurythmiehäuser, Heizhaus, Transformatorenhäuschen, Glashaus, Verlagshaus u. a.
1914–1923	Dornach und Berlin. In Vorträgen und Kursen in ganz Europa gibt Rudolf Steiner Anregungen für eine Erneuerung auf vielen Lebensgebieten: Kunst, Pädagogik, Naturwissenschaften, soziales Leben, Medizin, Theologie. Weiterbildung der 1912 inaugurierten neuen Bewegungskunst «Eurythmie».

1914	*Die Rätsel der Philosophie in ihrer Geschichte als Umriß dargestellt* (GA 18).
1916–1918	*Vom Menschenrätsel* (GA 20). *Von Seelenrätseln* (GA 21). *Goethes Geistesart in ihrer Offenbarung durch seinen «Faust» und durch das «Märchen von der Schlange und der Lilie»* (GA 22).
1919	Rudolf Steiner vertritt den Gedanken einer «Dreigliederung des sozialen Organismus» in Aufsätzen und Vorträgen, vor allem im süddeutschen Raum. *Die Kernpunkte der sozialen Frage in den Lebensnotwendigkeiten der Gegenwart und Zukunft* (GA 23). *Aufsätze über die Dreigliederung des sozialen Organismus* (GA 24). Im Herbst wird in Stuttgart die «Freie Waldorfschule» begründet, die Rudolf Steiner bis zu seinem Tode leitet.
1920	Beginnend mit dem Ersten anthroposophischen Hochschulkurs finden im noch nicht vollendeten Goetheanum fortan regelmäßig künstlerische und Vortragsveranstaltungen statt.
1921	Begründung der Wochenschrift «Das Goetheanum» mit regelmäßigen Aufsätzen und Beiträgen Rudolf Steiners (in GA 36).
1922	*Kosmologie, Religion und Philosophie* (GA 25). In der Silversternacht 1922/23 wird der Goetheanumbau durch Brand vernichtet. Für einen neuen in Beton konzipierten Bau kann Rudolf Steiner in der Folge nur noch ein erstes Außenmodell schaffen.
1923	Unausgesetzte Vortragstätigkeit, verbunden mit Reisen. Zu Weihnachten 1923 Neubegründung der «Anthroposophischen Gesellschaft» als «Allgemeine Anthroposophische Gesellschaft» unter der Leitung Rudolf Steiners.
1923–1925	Rudolf Steiner schreibt in wöchentlichen Folgen seine unvollendet gebliebene Selbstbiographie *Mein Lebensgang* (GA 28) sowie *Anthroposophische Leitsätze* (GA 26), und arbeitet mit Dr. Ita Wegman an dem Buch *Grundlegendes für eine Erweiterung der Heilkunst nach geisteswissenschaftlichen Erkenntnissen* (GA 27).
1924	Steigerung der Vortragstätigkeit. Daneben zahlreiche Fachkurse. Letzte Vortragsreisen in Europa. Am 28. September letzte Ansprache zu den Mitgliedern. Beginn des Krankenlagers.
1925	Am 30. März stirbt Rudolf Steiner in Dornach.

RUDOLF STEINER GESAMTAUSGABE

Überblick über das literarische und künstlerische Werk

A. SCHRIFTEN

I. Werke

Goethes Naturwissenschaftliche Schriften, eingeleitet und kommentiert von R. Steiner, 5 Bände, 1883–97, Neuausgabe 1975 *(1a–e)*; separate Ausgabe der Einleitungen, 1925 *(1)*

Grundlinien einer Erkenntnistheorie der Goetheschen Weltanschauung, 1886 *(2)*

Wahrheit und Wissenschaft. Vorspiel einer «Philosophie der Freiheit», 1892 *(3)*

Die Philosophie der Freiheit. Grundzüge einer modernen Weltanschauung, 1894 *(4)*

Friedrich Nietzsche, ein Kämpfer gegen seine Zeit, 1895 *(5)*

Goethes Weltanschauung, 1897 *(6)*

Die Mystik im Aufgange des neuzeitlichen Geisteslebens und ihr Verhältnis zur modernen Weltanschauung, 1901 *(7)*

Das Christentum als mystische Tatsache und die Mysterien des Altertums, 1902 *(8)*

Theosophie. Einführung in übersinnliche Welterkenntnis und Menschenbestimmung, 1904 *(9)*

Wie erlangt man Erkenntnisse der höheren Welten? 1904/05 *(10)*

Aus der Akasha-Chronik, 1904–08 *(11)*

Die Stufen der höheren Erkenntnis, 1905–08 *(12)*

Die Geheimwissenschaft im Umriß, 1910 *(13)*

Vier Mysteriendramen, 1910–13 *(14)*

Die geistige Führung des Menschen und der Menschheit, 1911 *(15)*

Anthroposophischer Seelenkalender, 1912 *(in 40)*

Ein Weg zur Selbsterkenntnis des Menschen, 1912 *(16)*

Die Schwelle der geistigen Welt, 1913 *(17)*

Die Rätsel der Philosophie in ihrer Geschichte als Umriß dargestellt, 1914 *(18)*

Vom Menschenrätsel, 1916 *(20)*

Von Seelenrätseln, 1917 *(21)*

Goethes Geistesart in ihrer Offenbahrung durch seinen Faust und durch das Märchen von der Schlange und der Lilie, 1918 *(22)*

Die Kernpunkte der sozialen Frage in den Lebensnotwendigkeiten der Gegenwart und Zukunft, 1919 *(23)*

Aufsätze über die Dreigliederung des sozialen Organismus und zur Zeitlage 1915–1921 *(24)*

Kosmologie, Religion und Philosophie, 1922 *(25)*

Anthroposophische Leitsätze, 1924/25 *(26)*

Grundlegendes für eine Erweiterung der Heilkunst nach geisteswissenschaftlichen Erkenntnissen, 1925. Von Dr. R. Steiner und Dr. I. Wegman *(27)*

Mein Lebensgang, 1923–25 *(28)*

II. Gesammelte Aufsätze: Aufsätze zur Dramaturgie 1889–1901 *(29)* – Methodische Grundlagen der Anthroposophie 1884–1901 *(30)* – Aufsätze zur Kultur- und Zeitgeschichte 1887–1901 *(31)* – Aufsätze zur Literatur 1886–1902 *(32)* – Biographien und biographische Skizzen 1894–1905 *(33)* – Aufsätze aus «Lucifer-Gnosis» 1903–1908 *(34)* – Philosophie und Anthroposophie 1904–1918 *(35)* – Aufsätze aus «Das Goetheanum» 1921–1925 *(36)*

III. Veröffentlichungen aus dem Nachlaß: Briefe – Wahrspruchworte – Bühnenbearbeitungen – Entwürfe zu den Vier Mysteriendramen 1910–1913 – Anthroposophie. Ein Fragment aus dem Jahre 1910 – Gesammelte Skizzen und Fragmente – Aus Notizbüchern und -blättern – *(38–47)*

B. DAS VORTRAGSWERK

I. Öffentliche Vorträge

Die Berliner öffentlichen Vortragsreihen, 1903/04 bis 1917/18 *(51–67)* – Öffentliche Vorträge, Vortragsreihen und Hochschulkurse an anderen Orten Europas 1906–1924 *(68–84)*

II. Vorträge vor Mitgliedern der Anthroposophischen Gesellschaft

Vorträge und Vortragszyklen allgemein-anthroposophischen Inhalts – Christologie und Evangelien-Betrachtungen – Geisteswissenschaftliche Menschenkunde – Kosmische und menschliche Geschichte – Die geistigen Hintergründe der sozialen Frage – Der Mensch in seinem Zusammenhang mit dem Kosmos – Karma-Betrachtungen – *(91–244)*

Vorträge und Schriften zur Geschichte der anthroposophischen Bewegung und der Anthroposophischen Gesellschaft – Veröffentlichungen zur Geschichte und aus den Inhalten der Esoterischen Schule *(251–270)*

III. Vorträge und Kurse zu einzelnen Lebensgebieten

Vorträge über Kunst: Allgemein Künstlerisches – Eurythmie – Sprachgestaltung und Dramatische Kunst – Musik – Bildende Künste – Kunstgeschichte *(271–292)* – Vorträge über Erziehung *(293–311)* – Vorträge über Medizin *(312–319)* – Vorträge über Naturwissenschaft *(320–327)* – Vorträge über das soziale Leben und die Dreigliederung des sozialen Organismus *(328–341)* – Vorträge für die Arbeiter am Goetheanumbau *(347–354)*

C. DAS KÜNSTLERISCHE WERK

Originalgetreue Wiedergaben von malerischen und graphischen Arbeiten Rudolf Steiners in Kunstmappen oder als Einzelblätter: Entwürfe für die Malerei des Ersten Goetheanum – Schulungsskizzen für Maler – Programmbilder für Eurythmie-Aufführungen – Eurythmieformen – Entwürfe zu den Eurythmiefiguren, Wandtafelzeichnungen zum Vortragswerk, u.a.

Die Bände der Rudolf Steiner Gesamtausgabe sind innerhalb einzelner Gruppen einheitlich ausgestattet. Jeder Band ist einzeln erhältlich.